TIERRA FELIZ

LA CALLE

TIERRA FELIZ
© Kayla Casanova
Diseño de portada: Dpto. de Diseño La Calle

Iª edición

© Editorial La Calle, 2024.

Editado por: Editorial La Calle
c/ Cueva de Viera, 2, Local 3
Centro Negocios CADI
29200 Antequera (Málaga)
Teléfono: 952 70 60 04
Fax: 952 84 55 03
Correo electrónico: editoriallacalle@editoriallacalle.com
Internet: www.editoriallacalle.com

ISBN: 978-84-19519-27-6
Depósito Legal: MA 2555-2024

Impresión: PODiPrint
Impreso en Andalucía – España

Nota de la editorial: La Calle pertenece a Innovación y Cualificación S. L.

KAYLA CASANOVA

TIERRA FELIZ

Editorial La Calle

Antequera 2024

ÍNDICE

PRESENTACIÓN

Soy Kayla y esta es la historia de mi vida, una vida marcada por la búsqueda de mi verdadera identidad y la lucha por ser fiel a mí misma. Desde que era una niña, sentí que mi espíritu estaba en conflicto con el cuerpo que habitaba. Este libro es mi relato en primera persona, donde comparto el proceso de mi transición, mis viajes y las experiencias que me llevaron a explorar no solo el mundo que me rodea, sino también las profundidades de mi alma.

Mi transición no fue un camino fácil, pero fue un viaje necesario. A través de cada etapa, aprendí a reconocerme en el espejo, no solo en lo físico, sino también en lo espiritual. Fue un proceso de renacimiento, en el que tuve que dejar atrás el miedo y abrazar el amor propio.

Mis viajes me llevaron a lugares sorprendentes, llenos de nuevas culturas y paisajes que ampliaron mi perspectiva sobre la vida y el más allá. En esos caminos también me encontré con personas de diferentes personalidades, incluyendo aquellos narcisistas que, con su encanto superficial y su naturaleza manipuladora, intentaron apagar mi luz. Estas experiencias me enseñaron que el daño que pueden causar va más allá de lo visible, afectando al espíritu de maneras profundas e insospechadas.

A lo largo de este viaje, empecé a reflexionar sobre lo que existe más allá de lo que podemos ver, sobre la conexión entre nuestra vida en este mundo y lo que viene después. Estas reflexiones me llevaron a una comprensión más profunda de la vida y la muerte, de lo que significa trascender las limitaciones del cuerpo y el ego. Descubrí que, al final, lo que más importa es la autenticidad con la que vivimos y el legado espiritual que dejamos.

Tierra feliz es un libro que explora no solo la transición de género, sino también la transición del alma hacia una verdad más elevada. Es un testimonio de cómo, a pesar de los desafíos y las personas tóxicas que encontramos en el camino, podemos encontrar paz y propósito en ser quienes realmente somos, tanto en este mundo como en el más allá.

Te invito a acompañarme en este viaje, a descubrir conmigo las lecciones que la vida y el espíritu tienen para ofrecer y a encontrar inspiración para vivir tu verdad con valentía y amor.

TIENES UN *E-MAIL*

Hola a todos, o simplemente hola a ti, que estás leyendo este libro.

Me presento, mi nombre es Kayla Casanova. Diría que soy oficialmente Kayla después de una larga lucha de papeles que duró casi cinco años entre oficinas, médicos, psicólogos, psiquiatras, etc. Pero no te voy a hacer un *spoiler* del próximo capítulo, así que todo se irá revelando en su momento. Dicho esto, buena lectura.

Te parecerá un poco raro el comienzo de este libro, pero no puedes imaginarte qué alivio se siente cuando, por fin, tu nombre refleja tu auténtica identidad.

Alguno de vosotros ya me conoce por el anterior libro, *Tierra amarga,* donde escribí la primera parte de mi vida, desde la infancia hasta el momento justo anterior a mi transición. Otros simplemente me conoceréis por este libro, una historia real de una chica real, con sus sueños, que, tras mucho luchar, ha conseguido que se hagan realidad.

Me encantaría que, si tienes este libro en tus manos, estés predispuesto a leer esta historia hasta el final. Ojalá pueda hacerte entender un mundo quizás lejano de tu realidad o quizás muy cercano en tu día a día. En cualquier caso, espero que estas páginas puedan servir no solo para acercar y sensibilizar el mundo LGBTIQ+, sino a reflexionar, informar y quizás ayudarte.

No quiero cambiar la forma ni la manera de pensar de nadie, porque esto nos hace únicos, pero quizás gracias a esta historia mirarás a las personas desde otro punto de vista. Aunque siempre nos cuentan que todos somos iguales, creo que esta afirmación habría que acabarla de otra forma: todos somos iguales en derechos, pero todos somos diferentes como personas, y esto yo lo defino como UNICIDAD. Si rebuscamos por internet podemos leer que el principio de unicidad explica que cada suceso o evento tiene la característica de su singularidad y de ser único. Aunque parezca igual a otro, siempre es diferente, ya sea por el momento, la persona o cualquier detalle que lo hace singular. Por eso creo que mi historia, aunque sea diferente a la de los demás, puede servirte de ejemplo.

Por eso quiero empezar este relato con el *e-mail* que dio el pistoletazo de salida a mi periplo por el mundo hasta donde ahora me encuentro.

Todo empezó con un *e-mail*.

E-MAIL: 9:30
Barcelona, 26/11/2014

Hola soy un chic@ italiano, el contacto me lo dio Jhonny, estoy en Barcelona, quiero empezar a hormonarse para la transformación de género. E ido al medico de cabezera y me parece que no sepa mucho sobre el tema, me quieren mandar a una clínica de Barcelona que no recuerdo el nombre y después de un mes sigo aquí sin saber nada, y me gustaría antes hablar con un psicólogo, o un psiquiatras lo que me an recomendados, pero no conozco a nadie en

*la ciudad, porque recién he llegado, no se si hay un grupo
de transexuales donde uno se puede apuntar, que no se
dediquen a la prostitución, muchísimas gracias espero
vuestra noticias.*

Justo diez años después de este *e-mail,* al reescribirlo en el
libro, me doy cuenta de que no sabía nada del tema. La forma de
escribir es incorrecta y poco educada, aparte de mi *itañolo,* que
es digno de mención. Lo releo una y otra vez y me pongo a sonreír, preguntándome cómo hizo la doctora del centro Trànsit de
Barcelona para contestar a una carta así.

Pero me doy cuenta de que simplemente no estaba informada de nada, era ignorante y estaba llena de miedos. Ahora sé lo
importante que es hoy en día la educación sexual en los colegios,
para no pecar como yo de ignorante y parecer impertinente.

Detrás de este *e-mail* había una persona que acababa de pasar
un periodo muy pero que muy duro de su vida. Si os acordáis, en
la última parte de *Tierra amarga* había terminado una relación.
Por amor a esta persona y para que pudiera tener una familia con
hijos y todo lo que conlleva, decidí desaparecer de su vida. Es en
este momento cuando llegué a Barcelona destrozada, confundida,
enfadada, y decidí que ya no podía esperar más y que había que
empezar en serio la transición. Tenía que ser valiente y dejar a
un lado la ambigüedad, pero siempre había una excusa, ya fueran
motivos de trabajo o mis constantes cambios de domicilio (en
aquella primera etapa trabajaba de directora de arte y coreógrafa
entre Baleares y Canarias, de un hotel a otro, y para poder realizar el tratamiento es necesario tener un médico fijo y empezar

el tratamiento en un solo centro médico, donde te puedan hacer un exhaustivo seguimiento).

Al día siguiente, después del desayuno y en mi proceso de ponerme guapa y maquillarme, como de costumbre, como una puerta, sonó el teléfono. ¡Una notificación de Yahoo!

Abrí la notificación y vi un *e-mail*. En un primer momento no presté atención, pero después de haberme puesto bien la máscara en las pestañas y con medio kilo de producto que no me dejaba ver nada, leí las palabras «CLÍNICA TRÀNSIT».

Fui corriendo al baño a enjabonarme la cara y lavarme bien los ojos para poder leer el *e-mail*. Os podéis imaginar que del baño salió un panda con el rímel alrededor de los ojos, pero mi corazón latía fuerte y, con un nudo en el estómago, pillé como pude (chanclas en mano incluidas) el teléfono del escritorio. En ese proceso, aunque salió volando una uña postiza, nada importaba, solo quería leer este *e-mail*. Decía:

Con Vodafone desde hoy puedes llamar...

¿VODA... QUÉ? ¡No, este no! Siguiente:

¿Necesitas un préstamo? Tu banco cerca.

Sí, un préstamo, pero de corazón, que me va a dar un telele. ¿Dónde está el *e-mail* de la clínica?

¡Y por fin! El tercero decía:

Clínica Trànsit, 27/11/2014

¿Me puedes explicar por qué quieres empezar el tratamiento hormonal? Debes tener en cuenta que vas a necesitas un psicólogo o un psiquiatra.

¿No sería más lógico contactar con un profesional que pudiera valorar si hay algún riesgo en tomar las hormonas, que te explique los efectos secundarios de las hormonas, lo bueno y lo malo, y en función de todo esto te aconseje el tratamiento hormonal y te haga un seguimiento?

Si esta es tu necesidad, yo soy la profesional indicada.

Si necesitas un psicólogo para acabar de clarificar tu identidad o por alguna dificultad personal que tenga en relación con el proceso de transición, puedo ponerte en contacto con la psicóloga de Trànsit, ya que ella hace acompañamientos individuales y también tiene un grupo de personas transexuales. No disponemos de psiquiatras en el servicio Trànsit.

Dime qué es lo que exactamente necesitas, dame un contacto telefónico para que la psicóloga o yo podamos ponernos en contacto contigo para darte cita.

Un abrazo.

Rosa

¡¡Y se hizo la luz!! Este *e-mail* para mí fue y sigue siendo muy importante.

Empecé a llorar de alegría. Alguien me había respondido después de monólogos infinitos con Dios, su hijo, su mujer y todos mis difuntos, que estarían cansados de escucharme. Ya todos podían descansar de mis quejas y sufrimiento, pero lo más importante era que me había comprendido y por fin podía ser yo misma.

Podía ser yo la misma por fuera que por dentro. No tendría que estar actuando más para los demás por temor a herir a alguien, ni mentir a todo el mundo sobre quién soy. Era como si alguien me hubiera quitado de encima montañas de barro y escombro después de un terremoto. Esa sensación de asfixiarse iba a acabar pronto, y otras emociones de alegría iban llenando de luz esta pesadilla que ya no podía aguantar más.

Os intentaré explicar a mi manera cuál es esa sensación que prueba uno al vivir en este estado. Hay una película americana de 2014, un *thriller* que se llama *Tusk,* en español *La morsa humana,* que trata de un hombre al que secuestran y un doctor (psicópata) lo encierra literalmente en una morsa, cosiéndole un traje hecho con la piel de este animal y poniéndolo en una piscina en su casa.

Ahora tú, lector, imagínate que te despiertas una mañana, o mejor, una noche, y te han metido dentro un traje de morsa, y otros de tu especie quieren aparearse contigo y luchar contra ti como hacen los machos alfa del grupo. Imagina el miedo que puede sentirse en esta situación. Todos te repiten una y otra vez que eres una morsa, porque es lo que ven. Y para sobrevivir a este hábitat tendrás que actuar como una morsa y aprender a nadar con las piernas unidas, porque de otro modo te hundes. Esta es la sensación que refleja cómo fue mi vida hasta la llegada de este *e-mail* que me dice: «Yo puedo sacarte de este cuerpo y podrás ser felizmente tú».

A ver, quizás el ejemplo de la morsa no es de los mejores, porque la película es de terror, pero es solo para intentar explicar en qué estado de angustia se puede llegar a vivir.

Como contaba, todo empezó con un *e-mail,* encerrada en mi cuarto, con mi teléfono, en una casa compartida con una chica chilena y un chico uruguayo en los Encants, cerquita de la Sagrada Familia. Una habitación, si se puede llamar así, de dos metros por dos metros con una pequeña cama y una silla y que, por un módico precio de trescientos sesenta euros al mes, era lo que había y cabía. Aún recuerdo el anuncio de la página web donde lo encontré:

> *Cómodo apartamento en Barcelona central, cerca de la Sagrada Familia. Habitación con ventana, cerca del metro y con todos los conforts para compartir.*

Se habían olvidado de poner el tamaño y que la ventana estaba muy alta, con cristales finitos como de papel, sin calefactor, y que tendría que compartir el espacio con dos perros gigantes, un *husky* y un pastor alemán de pelo largo que dejaban toda la casa llena de pelos como las calles en otoño con la caída de las hojas. Menos mal que soy una amante de los animales.

Aunque la cosa más importante que se habían olvidado de poner era que el piso estaba situado en la planta ocho de un edificio de doce con un ascensor pequeño, antiguo, con puertas de rejas, con capacidad máxima para dos personas sin respirar y en el que, si intentabas moverte o salir, podrías practicar el famoso baile madrileño del 15 de mayo en las fiestas de san Isidro, el chotis.

Esta maravilla de ascensor la mayor parte de las veces no funcionaba o estaba ocupado, y otras tenías que gritar, como cuando te das con la esquina de la cama, para que lo liberaran o cerraran la reja. Y, casualidades de Murphy, ¿cuándo no funcionaba? Cuando venías con la compra, llevabas una garrafa de ocho litros de agua y además no encontrabas la llave de casa en el bolso para poder abrir la majestuosa y pesada puerta de madera «de caoba», como la de los monasterios del siglo XII. Y cuando, después de quince minutos de caza del tesoro y con las manos violetas por las bolsas pesadas que te cortaban la circulación, con un hormigueo conseguías abrir la puerta del sagrado grial, corrían hacia ti los dos osos ladrando y tenías que intentar que no escapasen a la calle, cerrar rápido la majestuosa puerta con el pie y levantar las bolsas para que no se acercasen y no te tirasen al suelo en el intento de lamerte la cara para saludarte.

Después de un tiempo ahí, cada día me repetía que necesitaba tiempo y espacio para mí. Así que ahí empezaron mis dos años sabáticos de temas menos importantes y con el objetivo de centrarme en mí.

BELLA (QUE SE COMIÓ A LA BESTIA)

Octubre de 2014, Barcelona. Me fui a vivir por unos meses a casa de mi amiga Bella. Ella compartía un piso con una mujer colombiana con dos hijos que había escapado de su país. Sinceramente, no sé cómo lo hago, pero siempre me encuentro en situaciones «raras».

Los primeros días me parecieron un poco extraños porque era la primera vez que no iba a trabajar. Nunca había cogido el paro. Desconocía lo que significaba estar en casa y que te pagaran. Y aún más raro era tener tanto tiempo libre para mí y mis cosas, pero a lo bueno te acostumbras rápido.

Una noche, estando con Bella en el sofá mirando vídeos tontos de YouTube, le confesé así, sin darle importancia, que quería empezar la transición.

En un primer momento ella no entendía nada, se quedó pensando y todo se paró. Me miró, entrecerrando un poco los ojos como para enfocarme bien, y al segundo con una cara de «no entiendo» y con ese movimiento de auténtica italiana, levantando los hombros y moviendo la mano cerrada con los dedos hacia arriba como para comer, pero que realmente significa: «¿El qué?». Tuve que decirle:

—Se acabó el mariconeo, se acabaron las *drag queens,* las «maricotecas» y el travestismo. Quiero simplemente ser yo. Quiero ser una mujer de verdad, como la mujer que soy.

Ahí entendió a la perfección mi comentario. Sus ojos se abrieron como flores al recibir agua y sol. Su cara cambió radicalmente y con una gran sonrisa, mezclada con el estupor de la noticia, lo único que pudo decir con voz temblorosa fue:

—¿¡De verdad!?

—¡¡De verdad!! —le respondí.

Ella asintió con la cabeza y con gran orgullo, coraje y libertad le repetí de nuevo, cada vez más consciente y convencida, cuál era mi decisión. Reafirmé ante ella lo que tenía decidido.

Bella se acercó, volvió a mirarme fijamente a los ojos y me abrazó fuerte, muy fuerte. Las dos explotamos en un llanto, liberador y de felicidad para mí y de comprensión para ella.

Empezó enseguida el momento «bombardeo de preguntas incómodas», a la manera de interrogatorio policial CSI de esas series americanas, pero sin lámpara apuntándome a los ojos y con una italiana como conductora del interrogatorio.

Bella empezó:

—¿Estás segura? ¿Y si no encuentras trabajo? Igual espera un poco. ¿Y si antes hablamos con un psicólogo? Pero ¿te quieres poner tetas? ¿Y abajo qué? ¿Y tu familia? ¿Tus padres lo saben? ¿Tiene que cambiarse todo el vestuario? Claramente, lo que no utilizas me lo das a mí, ¿verdad?

Damas y caballeros, os presento al tsunami Bella. No te deja respirar y te ahoga con mil cuatrocientas preguntas al segundo, sin dejarte contestar a una con calma.

Me puse de repente de pie, la miré sin escuchar y de mi interior salió un grito:

—¡Para ya!

Si antes tenía temor, confusión y mucha angustia, ahora tenía quince veces más.

Nos quedamos dos minutos en silencio, tomando consciencia de la situación y respirando (sobre todo ella, que había dicho mil palabras en dos segundos), cuando de repente la puerta del salón se abrió lentamente y una pequeña cabeza de niño de cinco años con su moto de plástico se asomó, preguntando lo que ocurría.

Bella se levantó como un gato y con una sonrisa angelical fue hacia él, diciéndole que su mamá iba a salir a la calle y que si no se iba con ella se quedaría solo en casa y abandonado para siempre, cerrando lentamente la puerta. En menos de un segundo, la cabeza desapareció y se escuchó un gran ruido de ruedas de plástico rodando sobre los azulejos, acompañado de un grito: «Mamá, mamá, espérame», que llenó el silencio que había en la casa.

Seguramente os estaréis preguntando: pero ¿quién es Bella? ¿Por qué no se mete en sus asuntos? ¿Qué necesidad tiene de hacer tantas preguntas?

Tenemos que volver muchos años atrás, cuando yo trabajaba en Italia, en Rímini, como jefe de animación en un *camping*. Fue la época en la que me estaba recuperando de mi trastorno alimentario. Un día de mayo, antes del inicio de la temporada de verano, recibí una llamada de mi agencia de animación informándome de la llegada de una nueva animadora de Roma que formaría parte del equipo de trabajo de aquel verano. Tendría que ocuparme de su alojamiento, bienvenida, formación y, lo más importante, cuidar de ella, porque era menor de edad. Tenía solo dieciséis años y traía una autorización de los padres, que le daban el permiso, y la responsabilidad a los demás, para que trabajara durante el verano.

A la mañana siguiente recibí la llamada de la recepción, anunciando que había llegado la nueva animadora y que fuera a recogerla. Apenas acabé la clase de yoga en la playa, cogí mi bicicleta amarilla, crucé todo el *camping,* la parte forestal y me dirigí hacia la entrada de la recepción.

Y ahí, en medio del campo, vi dos maletas gigantes, una de color negro, con la cremallera rota asomando dos calcetines, y la otra de color rojo, una sin ruedas. Y detrás de la maleta se levantó una melena totalmente indomable y me dijo con un fuerte acento romano:

—*Aa, ciaoo,* soy Bella. Realmente Isabella, pero para los amigos Bella.

Una montaña de dos metros con pantalón negro de vinilo, con cuñas de veinte centímetros, una camiseta brillante de lentejuelas y encima un chaleco con pinchos. Esa melena de león con un gran mechón largo rubio platino con una ola, pero quemado por la plancha y mantenido en perfecto equilibrio por un litro de laca (gran contribución al cuidado del medio ambiente), acompañaba a un cuerpo corpulento, con un poco de sobrepeso; bueno, siendo honesta y sin querer ofender, tenía bastante más de lo recomendando. Para que os hagáis una idea, Lady Gaga es pura sobriedad a su lado.

Os estaréis preguntando por qué digo «gorda», y no es por ofender. Es para reforzar su sacrificio y que podáis entender en qué situación nos encontrábamos en ese momento. ¿Qué pensáis si os digo que ahora es una gran entrenadora personal y *bodybuilder?* Pues esa es Bella. Una gran mujer que, con gran esfuerzo y valor, constancia y un más que gran trabajo diario, ha cambiado su vida.

Pero antes de toda esta transición, Bella era Bella *blue,* Bella *pink,* Bella *violet,* Bella *white,* Bella *green,* Bella *red...* y toda la tabla cromática de una tienda de pintura. Cada semana cambiaba el color de su cabello como un camaleón, y según variaba el color del cabello cambiaba su nombre en sus redes sociales. Cada vez que los clientes me preguntaban por su perfil de Facebook o Instagram, les decía su nombre más el color del pelo que llevaba esa semana. Pero como todo evoluciona, fue pasando a los dobles colores y allí ya me perdí.

Esta chica venía de las afueras de Roma y tenía un carácter muy fuerte. Su estilo era también muy definido, muy fuerte (todo lo fuerte que os podéis imaginar), y además traía consigo una gran simpatía a la vez que era muy vulgar al hablar, pero con un inmenso corazón.

¿Quién le iba a decir a este volcán de energía de dieciséis años con grandes ganas de vivir y descubrir que su trabajo sería ir a trabajar en el miniclub con los niños? Con la pinta que llevaba, cosa que a mí me daba exactamente igual, no sabía cómo iban a reaccionar los padres de los peques del *camping*. No olvidéis que eran en su mayoría italianos. Afortunadamente, los niños la veían variopinta y divertida. La señorita unicornio. Pero quienes la veían con los mejores ojos eran los padres. En tantos años nunca había visto a tantos maridos quedarse en el miniclub con sus hijos.

Desde el primer día encajamos a la perfección, nos llevamos bien y empezamos a dormir, trabajar y salir juntas; y aquí hay que explicar bien lo de salir juntas. Bella tardaba unas tres horas en arreglarse. Después del espectáculo, que acababa sobre las 23:00 h más o menos, entraba en el baño y salía sobre la una de la mañana, como si fuese una *rock star,* algo parecido entre Janet Jackson y Gaga en el vídeo de *Born in this way.* Pero si una noche estaba muy animada, su *make up* le daba un parecido a David Bowie.

El *camping* se encontraba a las afueras de un pueblo cercano a Rímini. Saliendo de él, nos íbamos andando por la autopista hacia un hotel que estaba cerca, como a unos diez minutos. En el trayecto, los coches solían pitarnos, obviamente por la pinta que llevábamos; no podíamos pasar desapercibidas. Una vez en el jardín del hotel, Bella se ocupaba de robar una bici de alquiler, de esas para clientes, mientras yo vigilaba, y después de cuarenta y cinco minutos ahí estábamos, en dos bicis con tacones. Las dejábamos escondidas cerca de la disco y así teníamos medio de transporte para la vuelta al *camping*.

Por lo general, nuestra entrada en la disco captaba todas las miradas. No sé cómo, pero en menos de media hora Bella tenía una bebida en la mano (que hábilmente robaba a la gente despistada, ya que el sueldo de animadora no te iba a hacer rica, más bien sobrevivías). Así que, con esa habilidad de encontrar copas olvidadas, volvía borracha sin haberse gastado ni un euro en toda la noche.

Mi gran preocupación era siempre el regreso. Cuando no nos habían robado la bici, había algún chico que nos quería acercar. Otras veces nos tocaba ir andando con los tacones en la mano durante más de una hora. Bella no era una buena conductora, no tenía mucho equilibrio en bici y menos aún con tacones, y súmale que si había bebido era una misión imposible llegar sin un hueso roto, así que me dejaba conducir. Se sentaba sobre el manillar y, entre caídas y tropezones, nos llevábamos algún que otro retrovisor de los coches aparcados en la estrecha carretera de campo que nos llevaba al *camping,* pero llegábamos sanas y salvas.

El verano iba pasando y me propuse ayudarle a adelgazar. No había ropa de su talla para los espectáculos, y su sueño era ser una de las protagonistas en el musical de *Grease*. A veces la veía sufrir y estar muy triste durante los ensayos con el resto de los animadores.

Decidí que las cosas iban a cambiar, que le ayudaría a acabar con esos malos hábitos. Cuidaría de ella, de su alimentación, de su forma de afrontar las cosas. Así que empezamos con mucha actividad física combinada con una cuidada alimentación. Se acabaron el alcohol y las fiestas. Las noches en vela terminaron y empezaron las mañanas para ir a correr. Como todo cambio lleva su transición, al principio le costó mucho, pero, después de discursos motivadores día tras día, al final del verano había perdido veinte kilos. Su maquillaje ya no era tan exagerado y las plataformas y tacones pasaron a ser zapatillas de deporte y calzado cómodo. La Bella que llegó no se parecía en nada a la nueva Bella, más sana, elegante y feliz.

Llegó el final de la temporada y en octubre nos separamos, pero seguimos en contacto y en Año Nuevo me llamó diciéndome que había ganado un viaje a Turquía para dos personas y que si me apetecía acompañarla; no dudé ni un minuto y le confirmé que iría encantada a otra nueva aventura con ella. Cuando encuentras a alguien tan especial en tu vida, hay un hilo invisible que te une para siempre, y con Bella, sin darnos cuenta, se creó un vínculo muy especial.

LA PASIÓN TURCA

Aeropuerto de Barcelona-El Prat. Ahí estábamos otra vez juntas, listas para comernos el mundo o, en este caso, descubrir «la pasión turca».

El plan era hacer la vuelta a Turquía en autostop, autobús o alfombra voladora. El medio de transporte nos daba igual, pero queríamos hacerlo a nuestro aire. Así, a la llegada al aeropuerto Atatürk en plena noche, una fuerte tormenta nos dio la bienvenida. Siendo fieles a nuestro plan de viaje, decidimos tomar un bus para llegar a algún hotel, dormir, descansar y al día siguiente al amanecer planear el viaje y explorar los alrededores del hotel, quizás con el sol. En fin, no fue muy fácil, pero lo conseguimos. El karma se ponía de nuestra parte.

Muy pronto por la mañana me despertó Bella ya toda arreglada, eufórica por el hecho de estar en Turquía como un niño la mañana de Navidad y, como siempre, con mucha hambre, algo que con el tiempo no ha cambiado. Me tiró literalmente de la cama y bajamos a desayunar.

¡Sorpresa, sorpresa! El supuesto bufé del restaurante, donde nos íbamos a poner moradas, con una mesa llena de *croissants*, tartas, mermeladas, crepes, *brownies*, magdalenas y todo tipo de dulces que nos hubieran apetecido en el desayuno, en realidad no era así. Nos encontramos con una ensalada de tomate y pepino, queso en cubitos con una pinta increíble, pero que, una vez en la boca, no se podía comer por su sabor: pura sal. Siempre y cuando no tuvieras un problema de presión arterial y cardiopatía, podrías comerlo si a primera hora de la mañana quieres regular tu pH en el cuerpo. Realmente, el desayuno no era nada apetecible. Incluía también pimientos verdes de Padrón fritos, muy ligeros y sanos para un desayuno de princesas, un pan cuadrado pequeño de goma parecido a un *minipanettone* y berenjenas fritas bien untadas de aceite.

Nos miramos por un segundo con cara de asquete y nos dirigimos a la mesa de al lado, donde optamos por un yogur. Los cocineros, muy amablemente, seguían queriendo servirnos aquella comida nada apetecible y nosotras, con una sonrisa china y con mucha educación, les hicimos un «Puigdemont», desapareciendo silenciosamente de su alcance.

Y ahí estábamos las dos, con un lastimero yogur y un café turco. Seguro que habéis oído hablar de ambos productos; son famosísimos y no dudo de que a alguien les gusten, pero me comí la primera cucharada de yogur y entonces cruzó por mi piel un escalofrío desde los brazos a la espalda, bajando por la columna vertebral. Nunca había comido algo tan ácido. Tras recuperar la respiración, decidí tomarme solo el café. Convencida de que nada podía ir peor, le di un trago al vaso. Eso no era café, era un caldero de volcán listo para la erupción, con esa espuma marrón en los bordes de la taza y algunos restos de café anterior. Os quiero recordar que soy italiana y el café es un sacrilegio por la mañana si no está bien hecho. Así que suspiré e intenté probarlo con una cucharita, soplando constantemente (ojo, que casi me mareo) aquel líquido con un color poco apetecible y un sabor a pozo que casi me da arcadas. Pero no desistimos en desayunar algo, porque teníamos un día largo de excursiones. Vi por el rabillo del ojo a un hombre en la mesa de al lado con un plato con dátiles. Me levanté rápidamente con una servilleta en la mano y empecé a llenarla de uvas pasas y dátiles. Cuando ya los bolsillos de los pantalones de Bella y de los míos estaban llenos, nos fuimos de la manera más sigilosa que pudimos, teniendo en cuenta que Bella iba perdiendo las uvas pasas por todo el camino del restaurante.

En el hotel nos encontramos con un guía turco muy guapo y simpático que nos llevó a un baño turco como primera experiencia en el país. Habíamos oído hablar del llamado *hammam;* para los comunes mortales, un *spa*. Yo creía que había una masajista, música *chill out* relajante y una sauna finlandesa para poder relajarnos, pero me equivocaba.

Al entrar, nos pusieron por todo el cuerpo un ungüento grasiento. Me sentía como una patata frita recién salida de la freidora. Luego nos invitaron a entrar a un cuarto oscuro con un vapor que no se veía ni la silla. Una mujer bien grande «amablemente» nos cogió del brazo, nos arrastró hasta el fondo y nos sentó en un banco de cerámica como si esperáramos al bus en un día nublado de Milán.

Pensé que en breve iba a poner música relajante, pero creo que su lista de Spotify no funcionaba, porque lo único que se escuchaba era la caldera sacando llamas de humo ardiente y a unos hombres hablando bien alto en la zona del baño turco de al lado.

De repente, en medio de la nada, entre la niebla, se escuchó un gran eructo. Era mi amiga Bella, que informaba de que había dado fin su digestión del desayuno. Con eso pude intuir su ubicación en el baño turco y me acerqué a ella. Tras media hora allí, el calefactor paró de funcionar, la niebla se fue disipando y vimos que éramos las únicas clientas ahí metidas. De pronto, ¡boom!, la puerta se abrió y se oyó una voz:

—¡*Yalla! ¡Yalla!*

La mujerona nos invitó a salir y como pingüinos la seguimos hasta una piscina. Nos empujó dentro sonriendo como si fuera una amiga de toda la vida. La mujer no calculó que íbamos llenas de aceite y había un alto porcentaje de probabilidad de resbalarse. Sin que nadie cayera de mala manera al suelo, y una vez dentro de la piscina helada, comprobamos que llevábamos tanto aceite que el agua no nos mojaba. Parecíamos dos peces resbalosos y por un momento pensé que habría una cámara oculta. Bella no paró de reír hasta que nos mandaron callar en turco.

Tras media hora dentro de esa piscina helada, y a punto de perder los dedos de los pies por el frío, vino una chica pequeñita hablando en inglés con acento turco y nos invitó a tumbarnos en una cama de piedra caliente, resbaladiza también. Nuestra primera experiencia en Turquía fue la de dos pescaditos, primero cocinados a alta temperatura, luego congelados y pasados por la plancha llenos de aceite.

Una vez tumbadas las dos en el fondo del cuarto, se abrió una puerta de madera de donde salieron dos mujeres bien grandes, con brazos bien grandes y manos bien grandes. Se nos acercaron, cogieron un guante como los de fregar los platos y empezaron a frotarnos, pero no en plan masaje, sino en plan fuerte, como si estuvieran quitando la mugre de una cacerola. Bella reía por las cosquillas y lloraba del dolor. Creo realmente que nos quitaron la primera capa de piel y, una vez realizado ese *peeling* tan doloroso, empezaron a enjabonarnos enteras, de cabeza a pies. Y entonces alguna de ellas, porque no podíamos ver nada con el jabón en la cara, cogió un cubo y, como si estuviéramos en la Edad Media, empezaron a tirarnos agua a cubazos.

Cuando pude coger aire y hablar, les dije que ya estaba bien. Entonces vi que a Bella la empezaron a lavar con una toalla con espuma; bueno, realmente le empezaron a dar toallazos a modo de masaje. Bella ya no se reía, era yo la que se reía. Se levantó y casi les pega a la dos, y empezó a decirles de todo, menos bonitas.

Una vez fuera del *hammam,* nos volvimos a reunir con el guía, que nos explicó que lo que nos había pasado era parte del masaje turco. Nosotras seguíamos dudosas de esas prácticas relajantes, pero nos fuimos al hotel riéndonos de la experiencia. Pensar que hay que pagar para que te peguen y te arranquen la piel es una cosa muy rara, aunque tengo que confirmar que la experiencia fue satisfactoria.

Al día siguiente, a primera hora de la mañana, decidimos coger un bus para salir de la ciudad en dirección Capadocia. Después de casi un día en el vehículo alimentándonos solo de agua, dátiles y uvas pasas, llegamos a nuestro destino, las chimeneas de las hadas. La Capadocia es un lugar mágico, lleno de creencias y supersticiones, donde empezó el cristianismo.

Según bajamos del bus, Bella se estampó en el suelo en una pose digna del último número de la revista *Vogue.* Disimuladamente y llena de tierra, miró alrededor como si no hubiera pasado nada, pero justo a nuestro lado un gran grupo de japoneses había inmortalizado el momento con sus cámaras. Con mucha clase se puso sus gafas de sol, se sacudió la tierra y seguimos el camino como si nada.

Estuvimos toda la mañana entre subidas y bajadas con el sol encima. Era un día muy caluroso y con tanta agua tuvimos que ir al baño. ¿Habéis visto alguna vez un baño turco?

Cuando llegamos al baño, entró Bella. Después de media hora ahí metida, salió toda indignada diciendo:

—¿Y encima me cobran por mear en equilibrio en un hueco?

La señora encargada de los baños me hizo un gesto para que entrara. Me quedé pensando lo que dijo Bella, porque no la entendía, y abriendo la puerta del baño exploté en una risa nerviosa. Empezaba la misión imposible. Ahí estaba el agujero en el suelo. Hice balance de la situación: había que atinar en el hoyo, no mojarse los bajos del pantalón ni los pies, mantener la puerta del baño cerrada, porque no había pestillo, y sujetar el bolso. Y a todo esto, un calor insoportable, humedad y con las piernas cansadas por la caminata, que no dejaban de temblar por el esfuerzo. Pensaba: «Kayla, seguro que, con esta capacidad, puedo trabajar en el Cirque du Soleil». Y entonces me di cuenta de que no había papel higiénico y me pregunté: «¿Y ahora?». Una pequeña voz en mi cerebro me decía: «¡Llama a Bella!!», pero Bella estaba fuera y no me habría podido oír. Esperé unos cinco minutos para ver si ella venía, pero mis piernas ya no aguantaban. Empecé a sudar y me salió un grito con toda mi fuerza:

—¡¡¡Bella!!! ¡¡¡Papel!!!

Rápidamente llegó Bella asustada y, abriendo la puerta, empezó a reír sin control, y yo a llorar por el dolor. Le pedí papel higiénico, aunque me hubiera gustado pedirle una silla. Terminada la difícil evacuación, salí del baño caminando como una codorniz con hormigas a los pies y nos dirigimos al bus. Aquel día nos prometimos que jamás saldríamos a la calle sin toallitas húmedas en el bolso.

Al siguiente día fuimos en globo aerostático, donde Bella casi se quema todo el pelo con la llama. Fue una experiencia increíblemente mágica. Seguimos en bus nuestro recorrido por el país, entre montañas donde había pequeños monasterios, y decidimos bajar del bus y seguir andando un poco. Mientras íbamos hablando un poco de todo, nos encontramos en un campo donde había unas ovejas y unos pequeños niños empezaron a tirarnos piedras. Nosotras, para protegernos, tuvimos que meternos entre el rebaño y vimos que se iba acercando un hombre adulto. Estábamos muertas de miedo, pero le intentábamos explicar que los niños nos atacaban y eran muy maleducados. Entre gestos (idioma universal) entendimos que los pequeños pastores eran parte de una familia de siete chicos y aquel hombre adulto era uno de los hermanos. Por medio de signos y sonidos, estilo paleolítico, nos explicó que estábamos al borde de la frontera entre Turquía y Siria, y que no era para nada un sitio seguro. Muy amablemente nos ofreció agua y queso. Esta vez el queso estaba bueno, con un pan muy finito, como un crep. Aquel hombre tenía los rasgos muy duros, sus arrugas curtidas por el sol marcaban su expresión. Iba con su inseparable palito de árbol y con una larga barba negra y un paño de cocina como los de Ikea en la cabeza. Fue muy amable.

Nos sacamos un par de *selfies* con un pie en Siria y otro en Turquía y decidimos que era hora de regresar. En aquel momento, por la carretera cercana pasaba una camioneta blanca toda destruida, pitando como si estuviera anunciando su llegada. Se paró cerca de Kamali (era el nombre de nuestro nuevo amigo), que al poco nos hizo gestos de seguirle hacia la camioneta blanca. Todos los pequeños pastores nos siguieron detrás como si fuésemos unas estrellas de cine. Las cabras y ovejas también nos siguieron, con toda la orquesta de las campanillas que tenían colgadas al cuello. Kamali dijo a su familiar que nos acercara al pueblo dentro de Turquía, porque iba a ser más seguro y rápido regresar en camioneta. Nos sentamos detrás, en la zona de carga, haciendo compañía a un macho cabrío, con su barbita de pelo largo, sus cuernos y unas largas orejas. Ahí estábamos los tres, entre cubetas, paja y bolsos de plástico.

Pasada media hora, llegamos al primer pueblo, en cuya plaza nos dejaron, no sin antes despedirse con un pitido de claxon. Echamos un vistazo y encontramos un pequeño hotel donde pudimos lavarnos, quitarnos el olor a cabra y descansar hasta el día siguiente.

Tras una noche de sueño reparador y después de volver a llenarnos los bolsillos de dátiles y pasas, pusimos rumbo norte. Las paradas eran siempre en fábricas de alfombras, diamantes (falsos), *souvenirs,* etc. En una de esas paradas decidimos bajar para ir al baño en una fábrica de cueros.

En todas las tiendas nos intentaban sorprender con el truquito de magia para captarte y arrastrarte dentro de sus bazares, que consiste básicamente en ofrecerte un té. Pero yo iba entrenada y no iba a dejarme engatusar. Fui al baño y pillaron como presa a Bella. El vendedor empezó a hipnotizarla con sonrisas, buenas palabras y elogios. Cuando salí del baño, esquivando pieles muertas colgadas por todos lados y un olor a cuero muy fuerte, me encontré a Bella llorando, con una chaqueta amarilla limón de piel, y a un hombre con un gran bigote sonriendo. Fui acercándome hacia ellos despacito, lenta y sutilmente, para entender mejor la situación, imaginando lo peor. De repente Bella se dio la vuelta y llorando me dijo:

—¿No te parece preciosa?

Me quedé dudando un instante y con cara de unicornio le respondí que sí y le pregunté el precio.

El comerciante, con una cara de gran satisfacción personal acompañada de un té en la mano y una sonrisa, me dijo que solo tres mil euros, que era piel buena y verdadera y que no había ningún problema, porque habría podido pagarla a plazos.

En principio, no entendí cómo pudieron convencer a una persona tan fuerte de carácter como Bella, y menos entendía por qué lloraba. La miré fijamente a los ojos, la cogí de la mano y la arrastré fuera de allí antes de que cometiera la estupidez de firmar aquel contrato.

Había algo raro en la forma de comportarse de Bella, y en todo este proceso de volver al planeta Tierra el comerciante nos fue siguiendo hasta el bus. Estaba claro que no dejaría escapar los tres mil euros tan fácilmente. Con mucha habilidad y rapidez, nos metimos de nuevo en el bus y se cerraron las puertas. El comerciante seguía dando golpes al bus, hablando con otro hombre que llegó después, pero por fin estábamos en marcha. No quiero imaginarme si no hubiese llegado a tiempo de salvarla. Quizás sí hubiese firmado el pago de esa horrible chaqueta y se habría arrepentido toda su vida, porque económicamente tampoco estábamos muy boyantes como para esos caprichos. Ni que trabajáramos en Wall Street. Seguro que en Barcelona encontraba algo parecido, de buena calidad y no tan caro.

Los siguientes dos días no paraba de darme las gracias, porque no entendía lo que le había pasado. Era como si tuviera amnesia y no se explicaba qué pasó. Así que llegamos a la conclusión de no tomar más té por ahí aunque nos invitaran.

Seguimos toda la noche viajando hasta Estambul, ciudad situada entre dos continentes, Europa y Asia, multicultural, sagrada y profana. Muchos colores, olores, ruidos y sabores te dan la bienvenida. Al cruzar por el puente que junta dos mares diferentes que se besan y donde lo viejo se mezcla con lo nuevo, donde los gatos y los perros son respetados por la calle y se les da de comer y donde nosotras éramos dos más en el montón de personas y religiones que circulaban por las transitadas calles de Estambul, nos sentimos maravilladas.

Las frutas y verduras; las especias, todas muy coloridas y perfumadas; los kebabs en la calle, que no paran de rodar; el sonido de los barcos; las variopintas iglesias, mezquitas y castillos; los bares abiertos en la calle; los niños que llevan bandejas cargadas con veinte vasos de café turco; bazares y mercadillos; los dulces típicos de miel, almendra y pistacho (ojo, que te dejas los dientes en el intento de morder uno); los pobres estafadores de helados, a los que les pides uno y, entre broma y broma, se te pasan las ganas de comer, hasta que les pones una mala cara y les dices de soltar el helado ya, que tienes hambre, y ellos, siempre repetitivos, te responden: «*Hello, friend. Were... you... from?*». El más atrevido opta por: «*Hello, brother*».

Qué decir de los monjes «peonza», que giran sin parar y que nunca se marean, vestidos de blanco, con una falda grande redonda y un gorro cónico otomano de fieltro, coronado con una cuerda con borla que parece una lámpara de noche de Leroy Merlin. Espero que en su casa no tengan suelo de madera. Le decía a Bella que eran los típicos hombres que le dan la vuelta a todo. Y no podían faltar las famosas bailarinas de danza del vientre.

Mi mayor preocupación era estar en una ciudad musulmana y quizás poco segura; sin embargo, mi experiencia fue totalmente distinta. La gente era muy amable, simpática y respetuosa. Una ciudad inigualable, increíble, todo esto es Estambul.

Conocimos a través de una famosa *app* a dos chicos turcos que nos descubrieron la mágica cultura de la auténtica Turquía. Nos llevaron a conocer barrios y lugares de residentes; conducían en un tráfico caótico, donde no existía ni derecha ni izquierda, solo la ley del más listo y más rápido. Los semáforos eran simplemente una decoración inerte que de vez en cuando cambiaba de color, pero que parecía no importarle a nadie.

Visitamos la mezquita Azul, la iglesia de Santa Sofía y muchos monumentos más. Pasamos también por el túnel bajo el mar que une la parte europea con la parte asiática: Oriente y Occidente.

Nos llevaron a comer un *testi* kebab. Los chicos nos explicaron que era un plato típico de la Capadocia, a base de cordero guisado con especias, que se hace sobre las brasas en un recipiente de cerámica. Aunque podría sonar como un manjar, soy vegetariana, así que opté por una ensalada. Mientras estuvimos con nuestros nuevos guías locales, les contamos las mil aventuras que nos habían pasado. Nos hablaron de un pueblo cerca de Estambul y ahí decidimos ir al día siguiente.

Llegamos a este pueblo después de horas y horas sentadas en el bus, cruzando campos de tierras, rebaños y aldeas pequeñas que no estaban en los mapas. Bajamos del autobús y comprobamos que había muchos coches, carros con burros, mujeres con velos y algunas sin él y, justo enfrente de nosotras, una piedra grande de mármol blanco con una decoración árabe espectacular. Había algo escrito en árabe en el centro. Estábamos en una plaza blanca de mármol con una cúpula gigante, seis torres y, en el pico de la cúpula, una lanza con una media luna. Rápidamente llamó nuestra atención este lugar.

Bella quería sacarse una colección de fotos con esta majestuosa piedra blanca y empezamos a posar. Una más normal, otra más tonta, otra más *sexy* y algunos *selfies* también. Entre un «sácame una hacia...» y un «espera que repita la foto», la gente local nos miraba un poco raro, hasta que una mujer nos llamó la atención. Encima de la piedra ya vimos un cartel. Aquella piedra resultaba ser una lápida de alguien seguramente importante, porque tampoco entendíamos árabe. Cogí a Bella de la mano y con mucha vergüenza corrimos por la plaza blanca hasta donde había una fuente en la que todos se lavaban las manos, la cara y los pies. Bella me preguntó si sería la fuente del pueblo y si tendrían agua en casa. Honestamente, le dije que no lo sabía.

De repente un fuerte lamento se escuchó por todo el recinto y tronó por todo el pueblo. Este lamento era intensificado por los altavoces viejos que colgaban de las esquinas altas de algunos edificios. Y de pronto la gente empezó a correr. Los bazares y tiendas iban bajando sus puertas y persianas. Bella y yo nos miramos en silencio, como si algo fuera a pasar, y empecé a decir:

—Bella, prepárate a correr. ¡Creo que es una bomba! Nos están atacando desde el cielo. Vamos, corre.

Las dos empezamos a gritar y correr, buscando un refugio donde poder escondernos de los supuestos ataques que iban a llegar en cualquier momento desde el cielo.

Nos escondimos en un portal. Mucha de la gente iba hacia aquel edificio de mármol blanco, entrando por la gran puerta central. Tras una hora, el lamento de los altavoces de toda la ciudad cesó de pronto. Las tiendas abrieron de nuevo sus puertas y la gente empezó a salir a la calle. Y al salir del portal y dar una vuelta, unos turistas australianos nos explicaron en inglés que el lamento era la oración y la llamada a la mezquita para los fieles. Así fue como conocimos la majestuosa mezquita de Camilaca.

Todas estas historias de mis aventuras con Bella son, más que nada, una pincelada para que entendáis quién es mi amiga Bella y todo lo que hemos podido pasar juntas. Pasó por un camino difícil para llegar a lo que hoy es. Hizo un sacrifico durante un tiempo, en el que le ayudé para que arrancara y no desfalleciera hasta conseguir llegar a lo que ella quería ser, una entrenadora personal que nunca se rinde al sacrificio, cultivando su cuerpo y su mente sin dar un milímetro a una tentación que la desvíe de su meta. Confió en sí misma, se especializó en zumba, estudió alimentación y jamás tiró la toalla. Incluso ha recibido premios en concursos. A veces me pregunto dónde estaría hoy si no me hubiera conocido en ese verano y no hubiera cambiado su estilo de vivir y de comer.

Tras quince años, hemos pasados por muchas vivencias: momentos malos, buenos y muy buenos, siempre apoyándonos la una a la otra. Hemos crecido en todos los aspectos durante estos años juntas, descubriendo el budismo de la Soka Gakkai y focalizándonos sobre nuestra labor en esta vida para ayudar al prójimo.

MI VIAJE HORMONAL

Volvamos a Barcelona, donde empecé mi transición (si os estáis preguntando qué paso con los dos turcos en el bar, os dejo fantasear y dejar volar vuestra imaginación. Si habéis leído la primera parte del libro, tendréis la respuesta).

Volvamos a ese sofá, la estampida de nuestro minicompañero de piso y el anuncio. Después de haberme desahogado, por fin, confesando que quería empezar el tratamiento hormonal y de callar a Bella con sus doscientas preguntas, todo volvió a la calma. Ella tardó, como siempre, un poco en entender, pero cuando asimiló la gravedad de lo que estaba pasando me dijo:

—Estoy aquí para ti en lo bueno y en lo malo. Hemos pasados muchas cosas juntas y siempre lo hemos superado. Pase lo que pase, tendrás mi apoyo. Yo te ayudaré en todo lo que pueda.

El primer paso hacia la metamorfosis ¿Listos para el Luna Park?

Decidir que quería empezar la hormonación fue como pararme frente a un abismo sabiendo que no había vuelta atrás. Sentía como si mi vida entera hubiera sido una preparación para este momento, para este gran salto al vacío. Era la promesa de un renacimiento, de finalmente ver reflejada en el espejo a la mujer que siempre supe que era. Pero claro, como toda buena historia de transformación, la mía iba a ser una montaña rusa de emociones, dudas y, por supuesto, muchas agujas y pastillas.

Esta es mi historia sobre lo que realmente significa la transición de hombre a mujer desde el punto de vista hormonal. *Spoiler alert:* no es todo color de rosa, pero vale la pena.

LA DISFORIA: ESE MONSTRUO SILENCIOSO

Antes de entrar en detalles sobre las hormonas y todo lo que implican, hablemos de la disforia de género, porque no se puede entender una cosa sin la otra. Para los que no estén familiarizados con el término, la disforia de género es esa sensación punzante, constante, de que tu cuerpo no encaja con quien realmente eres. Es mirarte al espejo y sentir que el reflejo es una burla cruel de lo que debería ser. Es despertar cada día con una ansiedad que te carcome, deseando que las cosas fueran diferentes, que tú fueras diferente.

Viví años con esa disforia, creyendo que era algo que tenía que soportar en silencio. Porque claro, ¿quién quiere oír hablar del dolor de vivir en un cuerpo que no sientes tuyo? Enfrentarte a esa disforia es como luchar contra un fantasma que solo tú puedes ver, un fantasma que te persigue en cada reflejo, en cada mirada ajena, en cada pensamiento solitario.

Finalmente, cuando ya no pude más, cuando el dolor y la desesperanza alcanzaron un punto álgido, decidí que había llegado el momento de hacer algo al respecto. Sabía que el camino no sería fácil, pero también sabía que era la única opción para sobrevivir, para recuperar mi vida y encontrar algo de paz.

Consultas médicas: el inicio del viaje
¡Billete, por favor!

El primer paso en este viaje fue buscar un endocrinólogo especializado en personas transgénero. Sabía que las hormonas no eran algo que se pudiera tomar a la ligera, que necesitaba orientación médica y seguimiento constante. Mi primera cita fue una mezcla de emociones: miedo, esperanza y una buena dosis de humor nervioso. Bella estaba conmigo, cogiéndome la mano en esa sala de espera y me susurró:

—Todo irá bien, pronto tu sueño se hará realidad y cada vez estás más cerca. Vas a ser aún más increíble, pero, por favor, no te vuelvas una estúpida.

Lo de estúpida no lo entendí mucho, pero sus palabras me reconfortaron, y también su compañía. Estaba claro que iba a mejorar mi aspecto exterior, yo iba a ser la que siempre fui, pero dejé pasar el comentario porque era un momento bonito.

La endocrinóloga era una mujer amable pero directa. Me explicó en términos médicos lo que significaría la terapia hormonal: los estrógenos para feminizar mi cuerpo, los antiandrógenos para reducir la testosterona y los cambios que podría esperar. Pero lo que más me impactó fue cuando me dijo que esto no sería una solución mágica, que no me despertaría un día y, ¡bam!, sería una mujer cisgénero perfecta.

—Esto es un proceso —dijo—. Uno que tomará tiempo, paciencia y mucha perseverancia. Y no todos los cambios serán fáciles.

«Perfecto», pensé. «Más dificultades, justo lo que necesitaba». Pero por dentro sabía que estaba lista para afrontar lo que fuera necesario. Estaba cansada de vivir en una prisión de carne y hueso que no me pertenecía.

Salí de la consulta tras una hora con la prescripción médica de mis hormonas, abanicando la receta en el aire como un trofeo. Bella me abrazó fuerte y me dio la enhorabuena, me cogió de la mano y nos dirigimos a la farmacia más cercana del barrio para comprar las famosas pastillas.

LA PRIMERA PASTILLA

Una vez llegamos a casa, me preparó un vaso de agua y nos encerramos en mi pequeño cuarto. Bella me miró y me dijo:

—Dame un fuerte abrazo para despedirme para siempre de mi *caro amico* y dar la bienvenida a mi amiga Kayla Casanova.

Con un golpe de cuello me tiré las tres pastillas a la boca, tragué el vaso de agua y me quedé en silencio, que duró un par de minutos. De repente Bella se levantó de la cama y gritó:

—¡Bienvenida, Kayla!

En este momento no sé explicar la situación tan surrealista. Creía que con la primera pastilla iba a pasar algo y Bella me seguía por toda la casa preguntando si notaba algo raro, cómo me sentía, si me mareaba... Lo único que sentía era felicidad desde mi corazón, pero nada más. Pensé: «Quizás Bella se esperaba que de repente me hubieran crecido las uñas y el cabello, los senos y los tacones y me transformaría en Beyoncé». Y, aunque me hubiera gustado, nada de esto pasó con esas primeras pastillas.

LOS PRIMEROS DÍAS: UN CÓCTEL HORMONAL
BIENVENIDO A LA «ZAMBA» O CAZUELA

Comenzar la hormonación fue como abrir la puerta a un mundo nuevo y desconcertante. Me dieron mis primeras recetas: estrógenos y espironolactona. De repente me encontré con un calendario lleno de recordatorios para tomar pastillas, como si mi vida dependiera de no olvidar una sola dosis. Porque, en cierto modo, así era.

Tomar las primeras pastillas fue un momento trascendental. Sabía que, con ese pequeño acto, estaba poniendo en marcha un cambio irreversible en mi cuerpo. Sentí una mezcla de emociones: alegría, miedo, excitación y, sí, un poco de duda. ¿Qué pasaría si no funcionaba? ¿Qué pasaría si lo hacía?

Los primeros días fueron relativamente tranquilos. No sentí nada dramático, lo cual fue, en parte, una decepción. Me imaginaba despertando con senos de la noche a la mañana, o con una piel suave y radiante. Pero, en lugar de eso, solo estaba yo, la misma de siempre, esperando un milagro que parecía que nunca llegaría.

LOS CAMBIOS FÍSICOS: LA LENTA ALQUIMIA
EMPIEZA LA FIESTA, MANOS ARRIBA

Con el paso de las semanas, los cambios comenzaron a manifestarse, aunque al principio fueron sutiles. La primera señal de que algo estaba ocurriendo fue en mi piel. Se volvió más suave, más delicada al tacto. Fue uno de esos momentos en que miras tus manos y te das cuenta de que algo está cambiando, aunque no sepas exactamente cómo describirlo.

Luego vinieron los cambios en mis emociones, y déjame decirte que nadie te prepara para eso. La montaña rusa emocional que acompaña a la hormonación es algo digno de un espectáculo de circo. Pasé de reír a llorar en cuestión de minutos, sin ninguna razón aparente. Mis amigos comenzaron a llamarme «la telenovela ambulante», y no puedo decir que estuvieran completamente equivocados.

El cambio más esperado, y al mismo tiempo el más aterrador, fue el desarrollo del pecho. Recuerdo la primera vez que noté una ligera hinchazón, una sensación de sensibilidad en el pecho que no había experimentado antes. Fue un momento de euforia mezclado con un dolor sordo, como una especie de pubertad tardía y dolorosa. Me encontré comprando mis primeros sujetadores deportivos, tratando de mantener la calma mientras mi cuerpo, finalmente, empezaba a tomar la forma que siempre había deseado.

Pasaba los ratos libres entre ensayos de ropa y maquillaje. Probaba *outfits* para el día, la tarde o la noche, o para algún evento social que se me había presentado. Entendí que no podría vestirme con tanto «brillibrilli». Por el día, unos tacones menos altos y un maquillaje más sobrio para ir al supermercado serían lo más apropiado. Fue muy difícil quitarme base de maquillaje al principio, porque me ayudaba a verme más femenina, como los tacones de doce centímetros, pero entendí que era solo cuestión de tiempo y lo que llevaba normalmente era una máscara.

Para ser aceptada por la sociedad con mis nuevos cambios físicos, decidí tirar esa máscara y maquillarme de una manera más sutil. En todo este proceso conté con la inestimable ayuda de

Bella, que también se volvió más discreta con su maquillaje, abandonando su máscara de pestañas azul y su lápiz blanco en el ojo.

Después de unos días viviendo mi nueva vida, llegó el momento de salir a la calle con mi nuevo maquillaje y mi nueva persona. Bella me ayudó a afrontar esta situación, que yo temía un poco. Abrimos la puerta del portal y un fuerte rayo de sol golpeó mi cara. Caminando hacia el súper, la sensación de querer pasar desapercibida era muy difícil. Tenía sentimientos encontrados, miedo, felicidad, inseguridad, euforia y un poco de angustia. No paraba de mirar a mi alrededor para comprobar si la gente me miraba, pero nadie me hacía caso.

Bella, amarrada a mi brazo, me iba diciendo:

—Respira y suelta, relájate. Si alguien te mira es porque eres muy guapa, y más con estos ojos que tienes. Aprende a leer la mirada y acostúmbrate a tener los ojos de los hombres encima y a los piropos. Esta es la vida de una mujer cada día en la selva de la ciudad.

Me angustié un poco, porque nunca había vivido una situación así. Es increíble lo que a veces tiene que experimentar una mujer por la calle solo por ser mujer. ¿Cómo aún hoy en día puede seguir pasando, como si a nadie le importara que una mujer se sienta acosada mientras pasea por la calle?

Entonces es cuando una aprende a jugar al juego de la caza y utilizar su inteligencia. Lo que estoy diciendo no gustará quizás a muchos y no estarán de acuerdo, pero creo que muchas mujeres, yo incluida, hemos tenido que aprender a sobrevivir a veces a este acoso de piropos pesados por la calle, cuando tú simplemente quieres caminar y comprarte un helado. No se ve bien si te comes un helado, porque ya piensan mal. Si te pones una falda corta porque hace calor, ya piensan que quieres ligar o buscas jaleo, cuando los hombres pueden llevar pantaloncito corto cuando hace calor y no pasa nada. Y qué decir si encima se te ocurre ponerte una camiseta de tirantes; entonces tienes cientos de ojos mirándote las tetas. Pero confío en que quizás las cosas están cambiando mucho en este aspecto y esto me complace.

Volviendo atrás, respiré hondo y nos dirigimos al súper. Una vez dentro, Bella iba repitiendo su mantra hasta que llegamos a la fila para pagar. La cajera nos miró de pies a cabeza. Bella le preguntó si había perdido algo, si necesitaba nuestros pasaportes o si había visto a la Virgen por la cara que puso. Bajó la cabeza, avergonzada, nos cobró y nos fuimos.

Hicimos un listado de cosas que había que ir haciendo más pronto que tarde. Por ejemplo, un centro láser, peluquería, extensiones, uñas y cosas estéticas. Pero el listado de operaciones que tendría que afrontar era aún más largo, como los pechos, el cambio de sexo, retoques varios, y nos salimos bastante del presupuesto inicial.

Claramente yo lo quería todo y ya, de una vez, porque cuanto más rápido, menor sería el sufrimiento. Pero la doctora me advirtió de que esto era un proceso largo, duro, difícil y del que no se podía regresar.

Lo de regresar nunca se me pasó por la cabeza, pero sí que lo primero eran los pechos, y no hay ningún médico que te opere si no tienes dos años de tratamiento hormonal, y eso me frustraba. Había que dar al cuerpo tiempo de cambiar y yo no tenía tanto tiempo, porque tenía que volver a trabajar, aunque no quería volver al trabajo en medio de la transición. Como en todos los cuentos bonitos de Disney, hay siempre un malo, y en el mío era el tiempo.

LOS RETOS INESPERADOS: CUERPO Y MENTE EN BATALLA
EL TORO MECÁNICO

No todo fue un camino de rosas. Hubo momentos en que la disforia se intensificó antes de mejorar. Ver mi cuerpo cambiar de manera incompleta fue una tortura. Quería resultados rápidos, un cambio drástico que hiciera desaparecer todos los rastros de mi pasado. Pero, en lugar de eso, estaba atrapada en un limbo, donde lo viejo y lo nuevo convivían en un caos confuso. Los pechos empezaron a crecer, las glándulas mamarias por fin crecían y dolían, dolían tanto que había noches que no podía dormir boca abajo.

Cada mañana al ducharme me miraba en el espejo, apreciando cómo mis senos iban creciendo y los cambios en mi cuerpo: el vello corporal era cada vez más suave y el cabello no paraba de crecer, así como las uñas. Poco a poco, fui cogiendo más confianza en mí misma. Ya podía ponerme sujetador con relleno, salía sola a la calle y día tras día me iba haciendo a la sociedad.

He aprendido durante mi vida que para alcanzar la felicidad, durante el camino hay un proceso de sufrimiento. Una vez una chica trans me dijo que cuando me sintiera triste y baja de moral recordara la fábula del gusano que dijo: «Voy a volar», y todos se rieron, excepto las mariposas.

Había días en que me miraba al espejo y no sabía quién era. Aunque mi rostro empezaba a suavizarse y mi cuerpo a feminizarse, mi voz seguía siendo la misma. Un recordatorio constante de la persona que había sido, no de la que quería ser. Me encontré luchando con una nueva disforia, una que no había anticipado: la de estar atrapada entre dos mundos, sin pertenecer completamente a ninguno.

Hubo momentos de desesperación, en los que me preguntaba si todo esto valdría la pena, si los cambios que deseaba realmente llegarían o si estaba destinada a vivir en ese estado intermedio para siempre. Era como si estuviera atrapada en un cuento de hadas donde la transformación se había detenido a mitad de camino, dejándome en un limbo donde la magia no había terminado de hacer su trabajo.

EL PODER DE LA COMUNIDAD: NO ESTÁS SOLA
LA CASA DE ESPEJOS

A los dos meses de empezar el tratamiento hormonal decidí que era momento de seguir mi camino sola y me mudé al centro para afrontar de verdad lo que me esperaba.

Fue en estos momentos difíciles cuando la comunidad trans se convirtió en mi salvación. Encontré un grupo de apoyo en línea, donde otras mujeres trans compartían sus experiencias con la hormonación. Leer sus historias, ver sus progresos y escuchar sus palabras de aliento fue como un bálsamo para mi alma. Me di cuenta de que no estaba sola en este viaje, de que había otras personas que entendían exactamente lo que estaba pasando.

Nos reímos juntas de los efectos secundarios ridículos (hola, retención de líquidos y cambios de humor impredecibles) y lloramos cuando las cosas se ponían difíciles. Fue en esta comunidad donde aprendí que la paciencia era clave, que cada cuerpo es diferente y que los cambios vendrían, aunque a su propio ritmo.

LA RECOMPENSA: LA CALMA DESPUÉS DE LA TORMENTA
THE WINNER IS…?

Con el tiempo, los cambios empezaron a ser más evidentes y, finalmente, empecé a sentirme más cómoda en mi piel. Mi cuerpo comenzó a sentirse más alineado con mi identidad y, con ello, la disforia que me había atormentado durante tanto tiempo empezó a desvanecerse. No desapareció por completo, claro está, pero el peso en mi pecho se alivió y empecé a vivir con una paz que nunca había conocido.

Mis senos continuaron desarrollándose, mi piel seguía suavizándose y mi rostro adquirió una forma más femenina. Pero, más allá de los cambios físicos, lo más importante fue el cambio en cómo me sentía conmigo misma. Por primera vez empecé a ver en el espejo a la mujer que siempre había sabido que era. No era una transformación instantánea, ni un milagro, sino un proceso lento y arduo que finalmente estaba dando sus frutos.

LA METAMORFOSIS CONTINÚA: LA NORIA PANORÁMICA

Hoy sigo tomando mis hormonas diariamente, un recordatorio constante de que mi viaje no ha terminado. La transición es un proceso continuo, un camino que sigo recorriendo, pero ahora lo hago con la certeza de que estoy en el camino correcto.

La hormonación me ha enseñado mucho sobre mí misma, sobre mi fuerza y mi capacidad para perseverar. He aprendido a ser paciente, a aceptar que los cambios no siempre vienen de la manera que esperas, pero con el tiempo llegan.

Si estás leyendo esto y estás considerando la hormonación, o si simplemente quieres entender mejor lo que sucede en nuestro mundo, a veces tan complicado y a veces divertido y colorido, entonces tienes entre tus manos el libro correcto.

LIMELIGHT... LOS CLUBS

Empecé a frecuentar un club de alterne simplemente llamado Swinger por medio de una chica travesti que me llevó porque había una fiesta. Hasta ese momento no había estado en uno y la curiosidad de poder conocer gente sin prejuicios me gustaba. Esta amiga me hizo todo un curso de códigos de preparación y comportamiento y me detalló cómo funcionaba un club de alterne, desde las miradas a las invitaciones, signos de manos, cómo se dividían las diferentes zonas de un club, etc. Sinceramente, no sabía para qué tanta teoría hasta que crucé la puerta. Ahí entendí el folleto de instrucciones de los clubs.

Un sábado tarde noche, como de costumbre, me dirigí a este club. La primera experiencia fue muy positiva y volvía al club si tenía ocasión, porque realmente se pasaba un buen rato. La gente que no conoce lo que es un club de alterne cree que ahí dentro se hacen cosas de «locos y perturbados», pero de verdad que no siempre es así y la imaginación es la pervertida y retorcida, sobre todo si ese alguien nunca ha entrado en uno.

Primero, el respeto es lo fundamental, así como la higiene personal y la educación.

Segundo, no todos se acuestan con todos. Los clubs se suelen dividir en dos zonas; normalmente, la primera parte es la de entrada y vestuario. Seguidamente está el bar o sala de baile y después los *privé*. En esta zona se puede entrar solo, en pareja o si alguien de las personas de dentro te invita. En el caso de que un hombre esté solo, puede únicamente acceder al bar, y solo cuando alguien lo invita puede pasar a un *privé*.

Yo iba a pasar allí mi tiempo charlando con la gente, como si fuera una gran familia. Algunos estarán pensando: «Sí, claro, y yo me lo creo». Pues sí, era muy amiga de los chicos del bar, que eran los dueños del local. Pasamos mucho tiempo hablando sobre cocina, trabajos, salud, política y la vida. Conversaciones muy interesantes y profundas, así como el poder conocer gente interesante, desde abogados a doctores o profesores. Cada sábado era una sorpresa.

Lo más inesperado quizás era la vestimenta; a veces los atuendos eran peculiares. Se pasaba desde las lentejuelas a trajes de encaje, terciopelo, *lingerie sexy,* alguno llevaba *animal print* y podría decir también que te podías encontrar hablando con una persona con un antifaz totalmente desnuda, al más puro estilo *Moulin Rouge* con un toque de fantasía.

Una noche, hablando con el barista delante de un Martini blanco, se me acercó un hombre alrededor de los cincuenta años. Todavía lo recuerdo muy bien. Tenía un cuerpo y una sonrisa bonitos (para el resto, dejo a vuestra fantasía trabajar). Me pareció un hombre muy educado y honesto. Me invitó a una bebida y empezamos a hablar. La primera copa empezó a eso de las siete de la tarde y cuando nos dimos cuenta eran las dos de la madrugada.

Este hombre era un famoso emprendedor de Barcelona, aunque él nunca me lo dijo. En el momento que se fue al baño todas las miradas, también la de la «dueña» del club, se posaron sobre mí. Se me acercó una chica y me dijo:

—¿Tú sabes quién es ese hombre?

Un poco asustada, contesté que no tenía idea de quién era.

Rápidamente se me acercó mi amigo el barista pronunciando su nombre y apellido y reforzando con tono sorprendido:

—¡Un gran emprendedor catalán!

Honestamente, no me importaba su profesión o quién fuese, simplemente nos hicimos muy buenos amigos. También quiero dejar claro que jamás me acosté con él. Creo que había una buena y muy sincera amistad; además, no era mi tipo. Ya podía ser el presidente de Estados Unidos, que si no me gusta no me gusta. Con el paso del tiempo, me enteré de que había una fila de gente para acostarse con él, pero no era en absoluto mi intención, así que «que pase el siguiente, oiga».

Cada sábado pasaba por mi casa a recogerme. Íbamos a cenar, para luego ir al club, y a veces me traía vestidos o colonias, pendientes y varios regalos mientras yo seguía mi transición. Él me apoyaba como un buen amigo; creo que el hecho de que nunca le pregunté sobre su trabajo le hacía sentir realmente que no tenía ninguna intención material hacia nuestra relación, que era sincera solo a nivel personal y de amistad.

Los meses fueron pasando y yo seguía viendo mis cambios muy contenta, aunque no estaba muy cómoda en el piso donde vivía y ya empezaba a planear buscar un trabajo. Creo que mi amigo el emprendedor veía en mí una psicóloga o una persona donde poder desahogar todo su estrés, provocado por el volumen de su trabajo y por un gravísimo problema personal que descubrí al tiempo, algo relacionado con su mujer.

Una vez le pregunté por qué iba a ese club, cuando quizás se podría permitir una chica más joven o una modelo. Me confesó que, aunque estaba con muchísima gente en su trabajo, en realidad se sentía solo. Por lo general, la gente lo buscaba solo por interés. Me contó que su mujer estaba enferma de cáncer y el hecho de ir al club a hablar y despejar la cabeza le hacía bien y sentirse protegido fuera de su rutina. Me confesó también que muchas veces cuando entraba en los *privé* no tenía relación con nadie, simplemente necesitaba que alguien lo abrazara y se quedara a su lado.

En aquel momento comprendí el dolor y la impotencia que estaba viviendo por la gravedad de la enfermedad de su mujer y la gente interesada que le rodeaba, y que no conseguía tener una relación sincera con nadie porque solo buscaban su interés. Detrás de aquel hombre fuerte de éxito, rico, seguro de sí, famoso y todos los adjetivos que queráis ponerle había un hombre muy débil que luchaba por sobrevivir detrás de su máscara.

Le pregunté por qué se acercó a mí y me dijo:

—Cariño mío, te estuve estudiando semana tras semana. Siempre has sido una chica educada, hablando con todos, sentada en el taburete en la barra del bar, siempre sonriente, con tu Martini blanco. Nunca una mala palabra fuera de lugar, muy admirada por tu seriedad y educación. Y lo último fueron tus ojos, lo que transmiten, una gran energía, y tu alma. Creo que realmente somos iguales, cada uno con su historia. Tú sufriendo dentro de un cuerpo que no es tuyo y yo dentro un cuerpo que tiene que aparentar fuerza y firmeza, cuando en realidad no puedo más porque, aunque tengo mi dolor dentro por la persona que amo y a la que pronto no veré nunca más, no puedo perder la compostura ni la sonrisa. Tus ganas de vivir, de cambiar, me han dado mucha fuerza durante este difícil proceso de mi vida. Y por todo eso y más te quiero y te agradezco que estés a mi lado.

Detrás de las palabras «estoy bien» lo que se esconde es miedo. Son las dos palabras más usadas como forma de supervivencia cuando uno está mal. A veces expresamos algo totalmente opuesto por miedo a sentirnos vulnerables. Detrás de una mirada tendremos una respuesta más real, directa y sincera de lo que la voz supuestamente nos comenta. Cuando preguntas a alguien: «¿Cómo estás?», detente en sus ojos, en su lenguaje corporal, porque aquel «estoy bien» puede contener una infinidad de dolor o de mentira piadosa. Eso indica que a veces nos concentramos en la apariencia de las personas, dando una opinión muchas veces equivocada, sin saber realmente los sentimientos que están sucediendo.

Las emociones son lo que hace a una persona. Las personas están hechas de tantos factores, todos encerrados en lo que se le llama cuerpo físico. El cuerpo es para mí la casa del alma y de todas las emociones que sentimos y damos a los demás, buenas y malas. Un lugar seguro donde esconderse la mayoría de las veces y un medio para expresarnos. Solo nosotros podemos saber quiénes realmente somos y dentro de la piel que vivimos.

Si nos tumbamos en silencio, cerramos los ojos, pensando que somos moléculas, átomos, energía, y nos concentramos sobre nuestra respiración, expandiéndonos en todas las direcciones y en el universo, rompiendo nuestra barrera de la piel, entonces descubriremos que formamos parte de este extraordinario sistema, el universo llamado vida.

Pasó el invierno y pronto sería primavera. Una mañana de mayo, Bella vino a casa a tomarse un café y me comentó que estaba en contacto con una agencia de animación para irse a Mallorca a trabajar como animadora durante el verano en un hotel. Me preguntó si yo conocía dicha agencia. Le confirmé que sí, que ya había tenido contacto con ellos años atrás, pero que no llegamos nunca a trabajar juntos. Cuando sonó su teléfono, cogí yo la llamada y, hablando con el jefe, le recordé quién era yo. Se alegró mucho de saludarme y comentó que no sabía que Bella y yo fuésemos amigas, así que aceptó contratarnos a las dos. Y en dos semanas hicimos maletas y dirección Mallorca, listas para otro inolvidable verano juntas.

Si estáis preguntando qué fue del emprendedor, él me acompañó al aeropuerto, se despidió de mí y durante el verano recibí un último mensaje que anunciaba que su mujer ya estaba en los cielos. Y nunca más supe de él.

EL GRAN GATSBY O EL CIUDADANO
(CÓMO DESCUBRIR A UN NARCISISTA)

Durante el verano me di cuenta de la existencia de un tipo de personas que pueden ser extremadamente peligrosas si te permites quedar atrapado en su red: los narcisistas.

El siguiente capítulo estará dedicado a ellos, ya que probablemente te hayas cruzado con alguno, o al menos, si llegas a encontrártelos, podrás reconocerlos y protegerte. En las redes sociales encontrarás abundante información sobre ellos, pero solo cuando hayas pasado por la experiencia de lidiar con estos «depredadores de guante blanco» comprenderás realmente quiénes son.

Ese verano en Mallorca conocí a dos de ellos. Primero a uno, luego al otro, y ambos mostraban el mismo patrón. Yo era el objetivo ideal: atractiva, con un buen puesto de trabajo, inteligente y con influencia, lo que me convertía en una presa perfecta para aprovecharse de mi éxito y energía positiva. No mencionaré nombres porque eso les daría una atención que solo alimentaría su oscura alma. Este libro es una herramienta de ayuda y motivación, no un medio para la destrucción ni para destacar a personas que no aportan nada.

¿Cómo son y cómo puedes reconocerlos?

Estas personas tienen una autoestima absurdamente elevada y siempre buscan una admiración excesiva de los demás, sintiendo que merecen privilegios y un trato especial. Aspiran al reconocimiento de su supuesta superioridad, incluso si no han logrado nada tangible. Suelen exagerar sus logros y talentos, apropiándose incluso de los que no les pertenecen. Son como vampiros emocionales.

Algunas de las características más notables incluyen:

- Fantasías desmedidas de éxito, poder, belleza o de ser la pareja ideal.
- Convicción absoluta de que son superiores a los demás y solo desean rodearse de personas que consideran de su mismo nivel.
- Menosprecian a quienes no consideran importantes.
- Esperan que siempre estés dispuesto a favorecerlos y satisfacer sus necesidades, sin cuestionar nada.
- Son expertos en explotar a los demás para lograr sus objetivos.
- Carecen de empatía. Para ellos, esa palabra no tiene significado.
- Son naturalmente envidiosos, tanto hacia los demás como creyendo que los demás les envidian.
- Son arrogantes, vanidosos y desconsiderados.
- Siempre buscan tener lo mejor y más exclusivo, sea lo que sea.

Las personas con trastorno narcisista de la personalidad suelen reaccionar mal ante lo que perciben como críticas. Su comportamiento sigue un patrón común: impaciencia, cambios de humor, falta de tacto, una percepción exagerada de su propia superioridad y una incapacidad para manejar sus emociones. Evitan a toda costa situaciones donde puedan fracasar. Aunque parecen fuertes, en realidad son inseguros, temperamentales y propensos a la depresión, arrasando con quien se cruce en su camino.

Son egocéntricos, egoístas y expertos manipuladores. Usan a las personas a su alrededor para alimentar su ego y reforzar su autoestima. Quieren ser admirados, dejar una marca y ser envidiados. No dudan en humillar o manipular a quienes les rodean para alcanzar sus metas.

Nunca reconocen los logros ajenos y no permiten que otros lo hagan. Aunque son envidiosos, lo esconden bajo una fachada seductora y encantadora. Pero, en realidad, nunca establecen relaciones sólidas y estables; solo las mantienen mientras puedan sacar provecho o hasta que la víctima se dé cuenta de la toxicidad de la relación.

FASES DEL NARCISISTA

Los narcisistas suelen seguir un patrón en sus relaciones, que puede dividirse en varias fases:

1. Fase del bombardeo de amor *(love bombing)*

En esta primera etapa, es difícil detectar al narcisista porque se comporta de manera encantadora, llenando a su pareja de halagos, regalos y cumplidos. Todo parece perfecto, creando una ilusión desmedida. Sin embargo, un indicio de alerta es su prisa por avanzar en la relación, buscando rápidamente intimidad, convivencia o compromiso. Aunque parece inocente, esta urgencia es una forma de tomar control sobre la relación.

2. Devaluación o aislamiento

Esta es la fase más larga del abuso narcisista. El narcisista comienza a exigir más atención, aislando a la víctima de sus círculos sociales, alejándola de amigos y familiares. De esta forma, disminuye la autoestima de la víctima y afianza su control. En esta fase, el narcisista también muestra su verdadera cara, dejando entrever su naturaleza manipuladora.

3. Fase de violencia

Aquí el narcisista intensifica la tensión en la relación a través de insultos, humillaciones y críticas. Utiliza los logros y atributos de la víctima para herirla, minimizando sus éxitos y destacando cualquier defecto. Es común que involucren a terceras personas, como hijos, en su manipulación, lo que amplifica el daño emocional.

4. Descarte o abandono

Finalmente, el narcisista siente la necesidad de expandir su círculo de adoración y puede abandonar a su víctima para buscar nuevas presas. Sin embargo, a menudo regresan cuando les conviene, creando un ciclo de abuso que es difícil de romper.

Cuando se encuentran en relaciones, tienden a mostrar un comportamiento retraído, lanzar comentarios hirientes o incluso desaparecer por un tiempo, manipulando a la víctima para que se cuestione qué ha pasado y mantenga su mente ocupada en ellos.

CONSEJOS PARA LIDIAR CON NARCISISTAS

El amor verdadero no debería causar dolor. La única forma efectiva de librarse de un narcisista es el «contacto cero». No respondas a sus intentos de manipulación, porque ellos siempre volverán. Si tu intuición te dice que algo no está bien o si todo parece demasiado perfecto, es mejor alejarse lo más rápido posible. Los narcisistas son espejos emocionales que reflejan tu propio amor, pero a un costo muy alto.

Desde mi experiencia personal, etiqueto a los narcisistas en cuatro tipos: el bello, el histriónico, el antisocial y el encubierto, que quizás sea el más peligroso. Y luego están los *borderline,* personas que sufren una afección mental por la cual tienen patrones prolongados de emociones turbulentas o inestables (pero esto es un capítulo aparte).

Una vez que la pareja se acostumbra y se siente comprometida emocionalmente, los «bombarderos de amor» cambian repentinamente de actitud con el objetivo de que la otra parte esté dispuesta a ceder en sus límites con el propósito de volver a obtener el placer de la primera fase. Tienden a presentar un comportamiento retraído, a hacer comentarios bruscos o incluso a desaparecer por un periodo de tiempo. Afrontan sus inseguridades de apego manteniendo una sensación de sí mismos tan especial, excepcional o única que no necesitan temer nunca enfrentarse a un riesgo emocional. Fomentan la sensación de que tienen muchas similitudes con la pareja, «la fantasía del gemelo», e intentan crear un sentimiento especial, insistiendo en que ambos son iguales en tantas cosas como sea posible. Por otro lado, cuando se presentan diferencias en ciertas formas de ser o actuar, suelen reaccionar negativamente con irritación o silencio.

Las relaciones sanas pueden manejar un ritmo más lento, cierta previsibilidad, una apreciación de la singularidad de cada persona y conversaciones directas sobre cómo te sientes.

Son controladores con los planes. Pueden agendar planes de último minuto u organizar todas las salidas para así dirigir qué actividades haréis juntos. Es una táctica para conseguir lo que quieren sin tener que pedírtelo, una variación del «eres perfecta, siempre que me dejes hacer lo que yo quiera para que nos sintamos especiales juntos». Por cierto, pueden también manipular psicológicamente. Y si os preguntáis si pueden cambiar, la respuesta es que tristemente no, porque son como castillos de arena, vacíos por dentro, no tienen empatía y no pueden probar amor, y no se les puede tampoco enseñar. Se nutren de situaciones negativas, y la mayoría de las veces lo heredan de uno de los padres. Dejo este tema con un consejo: son muy buenos manipuladores con las redes sociales, te dejan en «visto» y pueden no contestarte, después de haber tenido una cita increíble, para que sigas pensando: «¿Qué ha pasado?», y entres en bucle pensando en ellos. Os recuerdo que una persona honesta, si lo ve y te lee, te contestará o, como máximo, no tardará más de un día si está ocupada.

Cuando tu interior detecte algo raro o suenen las alarmas en el cerebro si estás conociendo a una persona nueva y ves algo raro, o algo que no te convence, o quizás todo es extremadamente perfecto, huye lo más rápido que puedas y déjalo ir, suéltalo, porque realmente te estás enamorando de ti mismo, ya que ellos son espejos emocionales, excelentes actores, estudiándote y ofreciéndote tu amor mismo, que luego pagarás caro en la fase de la triangulación o *gas lighting*.

Por tu paz interior, es importante dejar ir lo que no te pertenece y no aporta a tu vida. Si alguien o algo se antepone a ti, te deja de hablar por semanas, se pone siempre en primer lugar o actúa como si pudiera vivir sin ti, déjalo ir.

- Si quieren elegir a alguien o algo antes que tú, déjalos.
- Si quieren pasar semanas sin hablar contigo, déjalos.
- Si están bien con ponerse ellos mismos siempre primeros, déjalos.
- Si te están mostrando quiénes son y no como los percibiste, déjalos.
- Si quieren seguir a la multitud, déjalos.
- Si quieren malinterpretar o juzgarte, déjalos.
- Si actúan como si pudieran vivir sin ti, déjalos.
- Si quieren salir de tu vida, ábreles la puerta y déjalos marcharse.

- Deja que te pierdan; nunca fuiste de ellos, porque siempre fuiste solamente tuyo, así que déjalos ir.
- Deja en tu vida solamente a quien realmente demuestra que eres valioso e importante.

Recuerda que en tu mejor versión seguirás siendo insuficiente para la persona equivocada, pero incluso en tu peor versión serás suficiente para la persona correcta. La vida está llena de alegría y tristeza, y cada experiencia trae consigo una lección. Acepta el flujo de la vida con todas sus alegrías y dolores para encontrar la paz interior y expandir tu conciencia. Siembra bondad en tus relaciones y recogerás un lugar seguro y feliz.

La gente no está en tu contra, simplemente está a favor de ella misma. Ve donde te celebren, no donde te toleren o critiquen. La persona con la que más tiempo pasarás en esta vida eres tú; entonces ámate, mímate e intenta ser lo más interesante posible, porque el riesgo más peligroso de todos es el riesgo de pasar tu vida sin hacer lo que quieres, lo que te gusta, lo que amas, con la apuesta de que puedes permitirte la libertad de hacerlo más tarde. Quiérete, porque nadie te amará como tú.

Y nunca te olvides de poner límites a los que para sobresalir te tienen que hundir o humillar, a los que se creen con derecho de dar una opinión que nunca se les ha solicitado, a quienes disfrazan una agresión detrás de un chiste, a los que por ser tus amigos se creen que pueden largar cualquier barbaridad. Respétate, porque todo empieza ahí.

Si aceptas tus limitaciones, llegarás mucho más lejos. Se dice que la motivación no dura mucho; por eso, la lucha es cada día. Todos los que conoces tienen miedo de algo, han perdido algo o aman algo, y se aprende más del fracaso que del éxito. No dejes que eso te detenga. El fracaso construye el carácter, así que escala montañas, no para que el mundo pueda verte, sino para que tú puedas ver el mundo.

La vida está hecha de alegría y tristeza, que son experiencias y lecciones para aprender. El dolor, por ejemplo, es parte inevitable de la vida, pero su intensidad y duración dependen solo de nosotros, de cuánto tiempo nos resistamos. Cuando nos acercamos a la resistencia, prolongamos nuestro sufrimiento y nos sometemos a nosotros mismos. Lo que negamos nos domina y lo que aceptamos nos transforma. Cada experiencia difícil o dolor lleva consigo una lección que necesitamos aprender, una oportunidad para crecer. Nada ocurre por casualidad, no existen errores ni coincidencias.

Conectando con el silencio dentro nosotros, podemos entender el propósito detrás de cada experiencia y aprender a aceptar el flujo de la vida, con todas sus alegrías y dolores, lo que nos permitirá crecer y encontrar la paz interior para expandir nuestra conciencia y nuestro máximo potencial.

El mundo necesita de más gente buena. Siembra la semilla de tus amistades y de las personas a tu alrededor, riégala con amor y recogerás un lugar seguro y feliz donde podrás refugiarte. El increíble mundo de la mente humana y el perfecto y mágico misterio de la vida.

NEFERTITI, REINA DEL NILO

Mi trigésimo cumpleaños empezó con un mensaje de Whats-App a mi amiga Bella:

Yo: Oye, Bella, ¿y si por mi trigésimo cumpleaños nos vamos a Miami a festejarlo? ¿Qué opinas?

Y, como de costumbre, contestó a los cuarenta y cinco minutos:

Bella: ¡Hola! ¡Claro que sí! Qué buena idea, pero estamos en enero.
Yo: ¡Por eso te lo estoy proponiendo, para que guardes dinero hasta mayo para los billetes y la estancia!
Bella: ¡Ay, sí! Es verdad.
Yo: Bueno, pues yo compro ya el billete. Y ya que estoy, me compro uno para Egipto, Sharm el-Sheij, porque me aburro y hasta mayo hay mucho tiempo. Necesito salir del país.
Bella: ¡Nooooo! Qué guay. Vale, vale... SHARM EL-SHEIJ.

Justo unas semanas antes de irme a Miami, volé a Egipto desde el sur de Italia, porque no estaba haciendo nada en el pueblo aburrido donde estaba visitando a mis padres. Desafortunadamente, no consigo nunca quedarme más de una semana.

Desde la ventanilla del avión, una inmensa extensión de arena hasta el final del horizonte me recibió. De repente se oyó por los altavoces:

—*Welcome to Sharm el-Sheij!*

Al abrir la puerta, un soplo de aire caliente rozó mi cara y al poner el primer pie en la escalera para bajar del avión, ¡boom!, cuarenta y cinco grados. La sensación fue como si hubiera abierto la puerta del horno cuando se está cocinando un pastel y pones la cara para oler y ver si está listo poniendo dentro el palillo de madera.

Llegué con un *transfer* al hotel. Durante el camino se veía solo arena, montañas de arena, hasta que por fin llegamos, después de un largo pasillo de palmeras, a una plazoleta frente a la entrada principal del hotel, donde literalmente nos desembarcaron. La recepción era una inmensa plaza con suelo de mármol y una gran fuente de agua con decoración árabe y, en el centro, un gran avestruz, casi más grande que la plaza de mi pueblo, las paredes con azulejos decorados en estilo Damasco y una majestuosa escalera con pasamano en oro.

Me quedé asombrada mirando el techo, y cuando de repente, *voilà,* un simpático hombre con bigote me quitó la maleta de la mano y se la llevó, por un segundo me quedé quieta. A mi alrededor había varias tiendas con turistas de venta de excursiones, objetos y teteras, lámparas y diamantes, ropa falsa de marca y, cómo no, bolsos y calzado. Todo lo que uno se puede imaginar en un país árabe.

Me acerqué a la recepción, me dieron la tarjeta de mi habitación y otra vez, *voilà,* otro simpático hombre me invitó a tomar un té, cogiéndome por el brazo e invitándome a entrar en su tienda. Acordaos de este famoso té, porque entenderéis cuál es el sentido de este viaje. Pensé en un primer momento: «Qué amables son los egipcios».

Cuando por fin me dirigía hacia mi habitación, con un sabor a hierbabuena en la boca y el estómago sin parar de sonar, *voilà,* otro simpático hombre me llamó de una joyería del hotel, guiñándome el ojo y sonriendo. Era un chico con barba y ojos oscuros, de unos veintinueve años, estilo turco y, para ser sincera, muy guapo también. Ya la cosa se ponía más interesante.

Después de una hora y media, conseguí llegar por fin a mi habitación, donde el pobre hombre que había arrastrado mi maleta de cuarenta kilos sin una rueda me estaba esperando, sonriente. Yo no entendía la situación; creía que me iba a pedir el número de teléfono, o algo más, porque, una vez abierta la puerta de habitación, no se movía de allí. Lo liquidé simplemente diciendo que estaba cansada y necesitaba dormir y que no me parecía adecuado estar acosando a las turistas. El pobre botones me miró con una cara de incertidumbre, levantando las cejas. Cerré la puerta y corriendo me tiré literalmente de espaldas en la cama, con un estilo «crucifixión», hundiéndome en las sábanas.

Seguía pensando en aquella situación tan incómoda y rara, cuando de repente pensé que aquel pobre hombre estaba simplemente esperando su propina, como en las películas de ricos. Rápidamente me levanté con un golpe de riñones, abrí la puerta y grité en el pasillo:

—¡Mustafááá!

Intentaba con este grito que el botones regresara, esperando que se llamara así, ya que desde mi llegada había conocido a tres Mustafás, un Musty y un Mohammed. Calculando la probabilidad, pensaba que seguramente habría podido acertar.

Justo antes de llegar a la esquina del largo pasillo, se dio la vuelta aquel hombre, al que yo llamaría Mustafá durante todas mis vacaciones. Le volví a llamar como buena italiana, con la mano y una gran sonrisa, y en la otra mano la propina que tanto esperaba. Se dio la vuelta y me miró con cara de estar enfocando. Cuanto más se me acercaba, más se centraba su cara en el dinero que yo ondeaba en el aire. Como si sintiera el olor del dinero, cuanto más se acercaba, más grande se hacía su sonrisa y más aceleraba sus pasos. Llegó a mi mano y me regaló una gran sonrisa a treinta y un dientes, porque le faltaba uno lateral. Volví a agradecerle y regresé a la habitación a descansar. Misión propina cumplida, menudo despiste el mío.

Pero la curiosidad era demasiada; quería ver el hotel, la piscina, la comida y la playa. Me preparé y me quité la ropa para cambiarme y ponerme algo más cómodo y fresquito. Se me ocurrió abrir las cortinas, muy pesadas, cuando de repente me encontré medio desnuda en el centro de la piscina, con todas las miradas de los huéspedes sobre mí. Mi habitación estaba justo en el centro, podía salir del balcón y entrar en la piscina directamente. Por un instante me quedé helada del pánico, pero de repente reaccioné, tapando mis partes con mucho *glamour* y saludando a todos como una reina, haciendo el ocho con la mano, sonriendo, cerrando otra vez la pesada cortina y yendo hacia atrás como una artista que saluda al final de su espectáculo. Claramente no me esperaba un aplauso, aunque muchos de los hombres se alegraron el día, y aún más el jardinero, que estaba limpiando a lado de mi balcón. Me senté en la gran cama y solté todo el aire que había bloqueado a salir al balcón, deshinchándome como una rueda pinchada. Esta fue mi gran entrada en Egipto, digna de un faraón.

Me duché y abrí la maleta, que claramente explotó. Entre la montaña de ropa, elegí el modelito para ir a cenar. El estómago no paraba de sonar con tanto té.

Bajando otra vez a la recepción, más pavos reales cortejándose en el jardín con su inmensa cola vibrante. El botones y el recepcionista volvían a sonreírme, cuando otra vez el chico de la joyería me invitó a tomar otro té. Con su encanto de sonrisa, no podías negarle nada. Entré y por fin se presentó:

—*My name is Mohammed.*

Me hice la sorprendida, como si jamás hubiera escuchado este nombre antes. Al acabar el «chupito» de té, no paraba de decirme lo guapa que era y qué bien me sentaría el collar de oro, o la pulsera, o los anillos que no paraba de meterme en los diez dedos, pareciéndome yo a una pitonisa. Estaba más que claro que te ofrecía el té para luego hacerte sentir mal y que compraras algo. Honestamente, muy buena estrategia, pero no contaba con que tenía frente a él a una italiana del sur, así que de repente empecé a quejarme del dolor de barriga, simulando que iba a vomitar, y con mucho *glamour* me saqué los quince anillos de los dedos, que iba poniéndome con cada halago que me hacía, y me volatilicé como una mariposa. Mohammed se quedó con todas sus joyas en las manos, solo, con cara de pez y mirando a su venta, que era yo, alejándose hasta desaparecer.

Ya por fin en el restaurante, intenté hacerme la fina. Tenía muchísima hambre y claramente no iba a levantarme treinta veces. Opté por llenarme dos montañas de comida en dos platos. La gente que me miraba seguramente pensaría: «¡Esta princesa come como un elefante!». O quizás habría pensado que llevaba comida a los perros abandonados de la calle. Pero pronto se quitaron las dudas, cuando en menos de veinte minutos vieron mis platos vacíos encima de la mesa y mi cara de satisfacción.

Llena como una lavadora, decidí darme un paseo para hacer la digestión, obviamente sin pasar por la recepción y caminando alrededor de la piscina, donde me encontré en una calle que llegaba hasta la playa, llena de tiendas típicas de alfombras, perfumes, teteras, *shishas,* pairos y *souvenirs,* con todos sus comerciantes fuera de sus puertas, ofreciendo de nuevo el maldito té a los turistas. Intentaron engancharme otra vez con el truquito del té, pero no lo consiguieron. Como Indiana Jones, me desvinculé complaciéndolos con una sonrisa falsa, saludando y con la mítica frase: *«Tomorrow».* O sea, mañana. Mañana. Ellos me seguían, intentando adivinar mi nacionalidad, pero yo me hacía la sueca, o de Marte, caminando deprisa hacia la playa sin mirar atrás.

Las playas eran artificiales. No había orilla, pero sí corales. Si te querías bañar, tenías que subir sobre un muelle-pasarela de contenedores de plástico azul y llegar así al mar, donde no cubría y donde tampoco se veía el fondo si decidías bucear. Lo único que había para subir de nuevo a la pasarela azul era una escalera de metal. Las árabes se tiraban todas cubiertas con *burkini* (creo que se llama). Con el calor que hacía, me daba mucha pena por ellas, porque creía que se iban a ahogar con tanta ropa mojada encima y con el calor, pero creo que estaban acostumbradas. En cualquier caso, intimidaba un poco, la verdad.

Intenté llegar a tierra firme sobre aquellos contenedores de plástico flotantes, con un andar digno de *Milano alta moda,* aunque con una pequeña diferencia: cada vez que llegaba una ola la pasarela se movía, tirando a mucha gente otra vez al mar. Los más exitosos conseguían caer a cuatro patas, con una cara entre «qué dolor» y «no pasa nada, gracias, estoy bien». Tras conseguir cruzar la pasarela, descubrí que había un pequeño bus que nos llevaba de vuelta al hotel, lo cual no podéis imaginar cuánto me alegró. Con las rodillas lagrimeando sangre después de mi aterrizaje en la plataforma azul, lo cogí rumbo al hotel.

Una vez en la recepción, conocí a dos chicos italianos. Les dije que quería contratar una excursión porque tenía muchas ganas de ver la verdadera nación de Egipto. Eran hijos de gente muy muy rica y muy simpáticos. Les expliqué que estaba sola y que ya no quería quedarme en el hotel. Como estaba sola, me invitaron a cenar con ellos.

Me di una buena ducha, me maquillé, me arreglé el pelo, me puse un bonito vestido blanco de macramé y enseguida me fui a cenar. Durante la cena, los chicos me confesaron que ellos también habían contratado la misma excursión porque habían decidido no dejarme sola. Y así, entre una botella de vino y unas risas, llegaron las dos de la madrugada. Decidimos irnos a dormir, pues sabíamos que tendríamos que levantarnos temprano. Próximo destino: Ras Mohammed. Dicho «acuario de Alá», para la gente residente, es un parque nacional de la península del Sinaí.

Sonó el despertador a las siete y media de la mañana. Me arreglé rápidamente para no perderme el desayuno y, como buena italiana, robé la comida, metiéndola en mi bolso de excursión: un gran bocadillo lleno de todo, con huevo frito, unos pocos frutos secos para sobrevivir y... fiuumm. Como Eva Kant, de *Diabolik,* salí disimuladamente del restaurante. Concentrada en mi último atraco, salí del restaurante. Miré el reloj y me di cuenta de que llegaba tarde. Corrí hacia el *hall* de recepción, donde me dijo la recepcionista, con cara de recién despierta:

—Corre afuera, te están esperando.

En la salida de recepción estaba el autobús, lleno de gente, y el guía turístico preguntado si yo era Kayla. Le enseñé el *ticket* y me hizo entrar. Las miradas de los demás turistas no eran muy agradables y algunos, con cara de sueño, también soltaron algún bufido. En el fondo del bus, mis dos amigos estaban riendo. Levantaron las manos para llamarme y me guardaron un asiento a su lado.

El conductor puso en marcha el bus y empezamos a salir. Unos treinta y cinco minutos después llegamos al puerto de Sharm, si se le puede llamar así, ya que dicho «puerto» no existía en absoluto. Con la mochila en la cabeza y el agua en la cadera, estilo náufrago, llegamos a nuestro barco, que nos llevaría a ese famosísimo «acuario de Alá».

El barco era un cayuco de madera un poco maltratada cuyo motor no paraba de sacar un fuerte olor a gasoil. El responsable de la embarcación era un hombre con su cigarro en la mano, su turbante, su barba negra, su chaleco Reebok desgastado y sus botas de plástico. Vamos, todo un gran pescador, su perfume lo confirmaba. Le ayudaban otros dos chicos más jóvenes, que creo que eran sus hijos. Como solemos decir, ¡negocios de familia! Nos invitaron a sentarnos, todos chorreando, y nos explicaron los detalles de la excursión con un inglés que no era de Cambridge exactamente, pero del que algo entendimos para llegar a la conclusión de que nos llevarían a la Casa del Tiburón, en el Lago Mágico, así como al acantilado donde se podía ver la cara de Alá impresa en una roca. Crucé la mirada con mis amigos y un entusiasmo aterrador enmarcó mi cara.

El capitán, con cara de aventurero, ordenó a sus hijos retirar los cabos de las boyas, metió combustible al motor del barco y una gran nube negra se levantó en la parte trasera. Con su aire de gran lobo de mar, se dio la vuelta y nos gritó:

—¡Yo soy Mohammed! —Qué raro...

Con otro golpe de acelerador y otra nube negra, se puso las gafas de sol y empezamos aquella aventura mar adentro. En el cayuco, el que no tosía iba tapándose la cara, lo cual, unido al olor a gasolina en el pelo y al oleaje, hacía que pudiéramos ver alguna cara verde que indicaba que, si no se llegaba pronto, alguno daría de comer a los peces su desayuno.

Estábamos bromeando y riendo con los chicos sobre aquella insólita situación, cuando de repente de la cabina del capitán se soltó una tabla de madera maciza. Todos los ojos de los turistas se dirigieron a aquella madera caída en medio del barquito, entre los pies de todos. El silencio aumentaba la tensión y enseguida, como si nada hubiera pasado, uno de los hijos pilló la madera y la tiró al mar. Nos miró a todos con cara de satisfacción, pero, según avanzábamos mar adentro, el mar se ponía cada vez más bravo.

Justo enfrente de nosotros, en el mar, se veía como un palo. Era un palo que salía de la nada, en medio del mar, con un pequeño cartel ilegible. Según nos acercábamos, más se movían las aguas alrededor del palo de hierro que salía del mar y más legible era el cartel. Me preguntaba quién pudo haber plantado un palo de hierro en medio del mar, porque era bastante curioso. Y bastante curioso era también que el barco se estaba llenado de agua. No sé si exactamente era la parte donde Moisés abrió las aguas, pero no creo que por aquel entonces hubiera albañiles marinos capaces de plantar un palo en el medio del mar. Entendí claramente que en Egipto, desafortunadamente, no existe ninguna seguridad. Para la mayoría de los egipcios (no todos), los turistas somos un simple trozo de carne que lleva billetes.

De repente un fuerte golpe debajo del barco nos sorprendió y todos dejaron de hablar. Otro pequeño golpe, menos intenso. Nos asustamos todos, vista ya la poca seguridad en aquel barco, y más en el medio del mar, cuando se oyó con un megáfono desde la posición del capitán:

—¡Hemos llegado!

Al mismo tiempo, mirando alrededor del barco, una marea de tiburones estaba esperando frenéticamente su comida. Miré atentamente el cartel, que por fin era legible y que ponía, en letras pequeñas en un A4 plastificado:

NO SWIMMING-SHARK HOUSE

La inglesa sonrió, sacando su máquina de fotos; los franceses y los alemanes también. Nosotros, aprovechando que todos estaban ocupados en sacar fotos, nos pusimos a salvo en el centro del barco, lo más lejos posible de los bordes. Uno de los hijos del capitán tiró al mar una bolsa blanca de plástico con restos de pescado podrido y cabra (los peces no tienen patas ni pelo), y en cuanto salió el contenido de la bolsa se desató el infierno. Las aguas empezaron a moverse de manera frenética, como si hubiera pirañas. Salpicaban a la gente y los golpes al barco se fueron haciendo más intensos. Un turista inglés perdió su máquina fotográfica, cayendo esta al mar. Yo le invité a saltar para recuperarla, pero no le gustó mucho la idea.

Un gran alivio se produjo cuando empezamos a alejarnos de aquellas aguas y nos dirigimos a la costa. Llegamos por fin a una inmensa piedra con una gran grieta sobre un acantilado. El intrépido capitán decía que aquella piedra era la cara de Alá, y para reforzar la tesis los hijos también seguían con lo mismo, acercándose a la gente y explicando dónde estaban los ojos, la boca, etc., buscando la aprobación de los turistas. Sinceramente, había que tener mucha imaginación, pero cuando se acercó a mí lo hice feliz afirmando que sí que la veía. Simplemente era una gran roca con una rotura en el medio.

Seguimos navegando hacia la costa, en dirección al arrecife de coral. Sinceramente, ya no sabía qué esperarme. Se paró el barco y los dos hijos empezaron a sacar gafas de buceo y tubos desde dentro de una vieja caja. Pregunté a mis amigos:

—¿Y este momento sorpresa?

—¡Prepárate! —me comentó uno de los chicos.

El capitán empezó a gritar con entusiasmo:

—*Scuba diving moment!*

Muy sarcástico, mi amigo dijo que era el momento de hacer buceo para descubrir los fondos y corales del arrecife. Aquellas aguas no tenían fondo y los corales se perdían en un negro mar. Lo que hice fue ponerme la máscara y empezar a nadar con los niños. Nos tiramos al mar todos como focas, yo pegada a un niño inglés bien rellenito, porque pensaba que, si alguna extraña criatura marina nos hubiese atacado, sería más probable que atacara al niño de once años rellenito que a mí, un bote de silicona.

Nadaba con el grupo, pegada entre las rocas y el niño-escudo, cuando con el rabillo del ojo vi que algo pasaba a mi lado. Era una de las últimas del grupo. Empecé a nadar más rápido y a meterme más cerca de los corales y del niño lleno de crema solar, cuando de repente vi un tiburón debajo de mí. Por poco no me muero asfixiada, porque no sacaba la cabeza del agua, controlando todo el tiempo por dónde iba el tiburón. Me quedé quieta encima de unos corales en la roca mientras el grupo seguía tranquilamente y, cuando vi que se alejaba nadando bajo el grupo, nadé rápidamente. Y digo rápidamente porque jamás había nadado tan rápido en toda mi vida.

Según llegué al barco, el capitán me preguntó lo que ocurría con lengua de signos, porque era imposible la comunicación. Yo, con mi superlengua de signos improvisada, me puse una mano en la cabeza y, moviéndola sobre mi frente, imité la banda sonora de la película *Tiburón*. Creo que le quedó clarísimo, porque muy tranquilamente llamó a sus hijos, gritándoles algo en árabe e invitando al grupo a regresar al barco.

Una vez en el barco, los chicos me preguntaron por qué volví tan pronto al barco y les dije que había un tiburón nadando en círculo debajo de ellos. Los pobres se quedaron blancos del susto, que en menos de un segundo dio la vuelta entre todos los turistas. Decidimos entre todos que aquella excursión no tenía nada de seguro desde el principio y volvía a tierra firme.

En la cena del restaurante del hotel empezaron a unirse más italianos y elegimos, con un grupo de doce personas, hacer la excursión por el desierto en *quads,* que son las motos a cuatro ruedas, en el que seguramente no habría tiburones hambrientos alrededor. Mágica excursión en moto en el desierto con cena con los beduinos, una ancestral población árabe nómada afincada en el desierto; eso es lo que venden cuando la proponen. Todos dijimos de contratarla porque parecía mucho más segura que la del mar.

A la mañana siguiente, a las once, todos desayunados y bien arregladitos, subimos a un bus y nos encontramos un gran descampado lleno de motos de cuatro ruedas (desde ahora las llamaré por su nombre, *quads*). Mucha gente, mucho polvo y grupos de cuarenta personas a la vez se marchaban así por el desierto. Unos chicos nos pusieron la *kufya,* también conocida como *kefia,* un paño grande de cuadros blancos y negros, alrededor de la cabeza y tapando la cara. Todos parecíamos terroristas, y más encima de las motos. Subimos de dos en dos, excepto yo, que iba sola y la última.

No tenía ni idea de cómo se aceleraba, y mucho menos de cómo se frenaba, pero no me preocupé. Yo podía con la moto y con lo que se me pusiera por delante. El gran jefe empezó la marcha y en fila india empezaron a seguirle, yo la última, comiéndome toda la arena de los treinta y nueve *quads* que iban delante. Sacudí la cabeza para intentar quitarme el polvo y aceleré. La moto se levantó y casi vuelco. Después de la primera impresión y de cierto miedo, vi que no pasaba nada y me dije: «Sigue, Kayla, no seas quejica». Me costaba hasta respirar y aquella excursión supuestamente tenía que ser una gran aventura.

Empecé a adelantar a un par de motos, ya que iba sola, con menos peso y, por tanto, a más velocidad. Cuando ya no me comía casi arena, llegué detrás del jefe y justo llegamos al campamento de los beduinos. No sé por qué, pero tenía la impresión de que ya sabían que íbamos a llegar y empezaron a vender pulseras y varios trastos. Por supuesto, ¿a qué nos invitaron? A un pan de goma o pan árabe, como una tortita de harina de trigo hecha por ellos a mano sobre una piedra caliente, dos dátiles y mi amado amigo el té. Esa era la cena, aderezada con arena.

Pasamos allí un par de horas. Muchos de los turistas se iban sacando fotos con los beduinos y yo, mientras, fui escalando una montaña para ver la inmensidad del desierto. Bueno, en realidad estaba buscando un baño, porque no aguantaba más. Buscando un sitio escondido o bien oculto para poder hacer mis necesidades, ya que supuestamente no había baño en el desierto, vi un Toyota Hilux y me pregunté: «¿Qué hace aquí un Toyota Hilux blanco cuatro por cuatro, si los beduinos supuestamente van en camellos en el desierto?». No le di más importancia porque la urgencia era otra, la de buscar un baño o algún sitio donde aliviarme. Cuando lo encontré por fin, pude además ver la puesta de sol desde lo alto de la montaña. Desde arriba vi que iban subiendo a las motos, así que fui bajando rápidamente desde la montaña para no quedarme sola en medio del desierto.

Cuando llegué a la moto todos habían empezado a marchar, los beduinos acababan de desmontar el campamento y mi moto no quería encenderse. Empecé a entrar en pánico porque se estaba haciendo de noche. Cuanto más intentaba arrancar la moto, menos funcionaba. Veía alejarse todas las motos, perdiéndose en la oscuridad, y en cuestión de minutos estaba sola en medio de la noche en un desierto, con las estrellas como únicas compañeras. Intenté buscar a los beduinos, pero se habían pirado con el Toyota Hilux blanco. Eso significaba que todo era un teatro. La historia de que eran pobres y nómadas migrantes era solo para sacar dinero a los turistas.

Y ahí seguía yo, sola, con una moto que no se encendía de ninguna manera. Un silencio agradable me acompañaba bajo las estrellas, una increíble sensación. Me senté en la arena, apoyada en las ruedas de la moto, y me pregunté por qué me pasaban siempre a mí esas cosas y cuándo se iban a dar cuenta mis amigos de que faltaba yo en la larga cola.

Después de prácticamente una hora sola y casi ya acostumbrada al dulce sonido de las cigarras, una pequeña luz al fondo se iba acercando a mí. Llegó a rescatarme un hombre con una moto de *cross*. Echó un vistazo, arregló un pequeño tubo bajo la moto, le metió una botella de Coca-Cola de gasolina y me preguntó si estaba bien. Tras varios intentos, por fin el *quad* arrancó. Honestamente, el chico de la moto era muy guapo y en aquel momento me hubiera gustado quedarme con él en el desierto. Era todo tan romántico... Vino a rescatarme con su moto de *cross,* esto era para contarlo. Lástima que en realidad me invitó a subir a mi *quad* y seguirlo. Yo ya me iba imaginando sentada en la moto detrás de él, abrazarlo fuerte sintiendo su tórax, como si yo fuera Jasmine escapando con mi príncipe de los árabes, que me quieren secuestrar porque no aceptan nuestra historia de amor, encima de un caballo blanco, bajo el manto de estrellas en el desierto de *Las mil y una noches,* pero eso no ocurrió. Cogí el *quad* y le seguí sin ningún tipo de historia romántica o fuegos artificiales.

Llegamos al centro de los *quads* y no había nadie. Me quité la *kefia,* sacudiéndola. Salió una pequeña montaña de arena. Me fui al baño y cuando me miré en el espejo vi mis pestañas blancas de arena; parecía una albina. No me extraña que el chico que me rescató no me invitara a pasar con él una romántica noche en el desierto: tenía el pelo que parecía un rastrojo. Todo lo que podía tener de sensual lo perdí por el desierto.

Me llamaron un taxi y mi príncipe se disculpó y se despidió de mí, cobrando la *kefia* más barata. Qué triste historia. Cuando llegué a la recepción, los chicos italianos me estaban esperando, muriéndose a carcajadas, ya que iba yo con el pelo y la cara llenos de arena. Cuando me vieron, me abrazaron fuerte y me preguntaron qué me pasó. Me dijeron que entre el polvo, la oscuridad y el ruido de la caravana, nadie se dio cuenta de que yo faltaba hasta que el chico, contando las motos en el descampado, les preguntó si faltaba alguien de su grupo, afirmando ellos que era yo.

Esta fue la última aventura en Egipto, ya que al día siguiente volvimos todos a Italia.

Con el grupo seguimos aún unos años más en contacto y luego nos fuimos perdiendo la pista. El grupo estaba formado por los chicos ricos, una pareja de amigos (él estaba enamorado de ella, pero para ella era solo un buen amigo), otra pareja, un profesor universitario con su alumna, que tuvieron al regresar un bebé y que hoy en día siguen juntos, y otra pareja que ni me acuerdo de ellos porque eran unos antipáticos.

MIAMI VICE

Compré un vuelo directo de Roma a Miami. A las seis y media de la mañana del día D sonó el despertador. ¡Ring, ring...! Supuestamente es el sonido del despertador, aunque realmente tengo un tono de alarma más difícil de escribir. Esa mañana sí que no iba a llegar tarde, así que carrera hacia al aeropuerto, pues no me fiaba del tráfico en Roma. Tras correr por el aeropuerto porque, efectivamente, había mucho tráfico, hice el *check-in,* dejé las maletas facturadas y pasé sin problemas los controles de seguridad. ¡Y ahí estaba la puerta de embarque con su cartelito iluminado: «Miami»! Tras esperar la fila de embarque, que se me hizo eterna, entré en el avión, me senté y pensé: «Mi primera vez hacia América», continente que siempre quise visitar. Por fin iba a pisar la famosa América.

Probé el asiento. «Sube y baja perfecto. La pantalla funciona. El ventilador se abre y cierra y funciona. ¡Perfecto, está todo listo! El cinturón abrocha y desabrocha, por supuesto. La mesita sube y baja». Me acordé de que tenía que mirar debajo del asiento por si se habían olvidado de poner el chaleco salvavidas; lo vi en un capítulo de catástrofes aéreas de esos de la tele. Tras mirar, pensé: «De qué poco me va a servir si se cae el avión. Quizás hubiera sido mejor tener aquí un paracaídas». Pero, siendo sinceros, lo único que realmente se puede hacer en el peor de los casos es la señal de la cruz y rezar un avemaría si te da tiempo.

Y ahora me estaréis preguntando: «¿Dónde está tu amiga Bella?». Bueno, me dejó tirada como todos los buenos amigos hacen en alguna ocasión, pero yo me monté en el avión igual, porque tenía claro que yo iba a ir sí o sí.

Once horas y veinte minutos dentro de un avión os aseguro que pueden enloquecer al más calmado. Empiezas con las películas, durmiendo. Cuando has cogido la postura y estás a gustito, te vienen con la comida, así que después empiezas a no sentir las piernas y decides darte un paseíto por el pasillo, viendo a los afortunados a los que Morfeo ha golpeado en la cabeza y duermen como bebés (qué envidia). Ahora, a ver si escuchando música se te pasa más rápido lo que queda de viaje. Como te aburres, te pones a tocar todos los botones de la pantalla hasta cambiarla de idioma, incluso en chino. Sinceramente, llega un momento en que no sabes qué hacer, porque parece que nunca vas a llegar a destino. No imaginaba lo que se decía de que cruzar el charco fuera tan pesado, y si encima eres una persona como yo, superactiva e inquieta, consigues el cóctel perfecto para la desesperación.

Después del siguiente almuerzo, me puse a mirar por la ventanilla y allí estaba Miami, la famosa ciudad de la que siempre había oído hablar. ¡Por fin! La bahía de Miami Beach bajo nuestros pies y, al fondo del paisaje, Miami Downtown. Entonces el capitán dijo por megafonía que estábamos haciendo la aproximación al aeropuerto y que íbamos a aterrizar, «así que abróchense los cinturones».

Mi corazón latía tan fuerte que pensé que me iba a dar un ataque. Pero tras tocar las ruedas la pista de aterrizaje, con partimiento de cuello incluido y el típico aplauso que todos los italianos le damos siempre al piloto después de un vuelo (cosa que no entiendo aún, pero que hago contagiada por el entusiasmo del resto de pasajeros), recogí mis cosas y me dispuse a salir del avión. Tras el control policial y después de cambiar dinero, busqué un taxi que me llevara al hotel. Las calles desde el aeropuerto a Miami son de cinco carriles y esto ya era para mí algo extraño, que nunca había visto. Unos coches inmensos, cuatro por cuatro, limusinas, deportivos y hasta Cadillac; y en el fondo, Miami parecía de cartulina con sus inmensos rascacielos.

Llegué hasta el Hilton Hotel Downtown, un edificio altísimo, con más de treinta plantas, del que para ver la punta había que romperse el cuello.

Al bajar del taxi, en la recepción, un hombre muy simpático de color me dijo con acento cubano:

—Déjame a mí. Yo llevo la maleta, mami.

Yo le sonreí y le dije:

—Vale, vale, papi.

Y me dio la bienvenida a Miami.

Hice el *check-in* y me acompañó a mi cuarto después de su propina (esta vez no me despisté). Entré en la habitación y salté a la que llaman cama *king size*. El cuarto olía a aire acondicionado y moqueta mojada. Fui a abrir la cortina oscura para que entrara un poco de aire fresco, pero era imposible. Después de un ratito mirando y toqueteando todo, descubrí que eran cortinas eléctricas, así que empecé a tocar todos los botones, entre luces, baño, entrada, cama, abajo cama, y por fin conseguí abrir la cortina eléctrica. De repente, frente a mí apareció una pared de cristal transparente inmensa, desde el techo al suelo y de derecha a izquierda. Es cierto que era la ventana, pero no una ventana al uso. No se podía abrir, aunque las vistas eran increíbles, porque al fondo veía todo Miami Beach. Así que ventilar no era una opción.

Sufro vértigo de la altura, así que me agaché, me puse a cuatro patas y muy despacito me fui acercando al cristal. Cuanto más me acercaba, más me temblaban las piernas, hasta que asomé un poco la cabeza para ver la calle. Estaba muy muy alto. Empecé a retroceder despacito, con un dolor de estómago, y pensé sarcásticamente: «Qué suerte tengo». ¿Quizás había algún propósito del destino que me hiciera estar a esa altura? Decidí dormir del lado de la cama más cercano a la puerta del baño y a la puerta de salida, y que jamás bajaría por el otro lado de la cama, donde estaba la gran ventana.

Tras el susto, fui corriendo al baño para lavarme la cara y curiosear el aseo y me di cuenta de que en el wáter había demasiada agua. Tiré de la cisterna y de repente se llenó con más agua. De golpe desapareció toda el agua con un ruido de aspiración, como en el avión. Lo primero que pensé fue: «¿Pero cómo voy a hacer aquí mis necesidades con tanta agua?». No es muy higiénico, la verdad. Si te descuidabas, se podría salir del wáter. Los americanos supuestamente son muy modernos y muy tecnológicos, pero yo lo veía de lo más primitivo... De pronto vino a mi mente el recuerdo de los aseos turcos y llegué a la conclusión de que quizás prefería los baños turcos. Quién me lo iba a decir después de tanto tiempo y la experiencia de Turquía.

Después de los momentos vértigo y baño, decidí que era hora de empezar a vivir mi gran sueño americano. El objetivo era encontrar esas playas con altas palmeras y con los socorristas superatléticos corriendo, sudando con el salvavidas rojo debajo del brazo, a la vez que el viento mecía mi melena al borde de la playa mientras observaba a los helicópteros sobrevolando la ciudad y la gente patinaba por el paseo marítimo. Vamos, una imagen de las series americanas que llevamos viendo toda la vida.

Sin embargo, cuando salí del hotel llegó la realidad americana. Lo que había por la calle era mucha gente, pero la mayor parte con sobrepeso, vestida con cómodos chándales de Nike, Reebok y otras marcas americanas. Esto me desinfló un poco la ilusión que tenía sobre los americanos. Aun así, ya sabéis lo positiva que soy. Me dije que era una coincidencia. Me subí en el bus rumbo a Miami Beach llena de ilusión, pero, sinceramente, cuando bajé del vehículo la cosa tampoco cambió mucho respecto a la zona del hotel. Tanto en el bus, en el que había personas de todos los colores y nacionalidades, extranjeros bien vestidos o a su manera, pero con un acento superamericano mezclado con alguno latino, pasando por la bahía de Biscayne o, como ellos la llaman, Biscayne Bay, parada sobre el puente 195 Florida State Road 112 largo, hasta el Nautilus, en Miami Beach, donde bajé, la imagen era similar a la que vi en las cercanías del hotel. No obstante, cuando llegué pude comprobar que se respiraba otro aire totalmente diferente. Aquel era otro mundo en la misma ciudad.

Me dirigí a la playa, ya que quedaban más cerca los socorristas. Las playas eran enormes, pero llenas de algas. En esta zona sí que había gente corriendo, así como centros comerciales, otros gimnasios al aire libre para gente fanática del cuidado del cuerpo, coches con piscina incluida y música a todo volumen y hasta coches que rebotaban sobre sí mismos con unos enormes amortiguadores. Había también chicos con dientes de oro y cadenas al cuello con medallones inmensos llenos de brillantes y anillos extremadamente vistosos, y seguro que con un pase fijo en el fisioterapeuta, porque esas «joyas» pesaban mucho.

Caminando por el paseo marítimo, me encontré frente a una gran villa donde algunas personas se iban sacando fotos y hablaban en italiano. Sentí curiosidad y pregunté de quién era aquella gran mansión, con un gran escudo con una cabeza de medusa en el medio. Me contestaron que era la mansión de Giorgio Armani, donde fue asesinado. Salí de allí de puntillas y les dejé sacándose fotos. Realmente, todo era muy sorprendente.

Es muy importante decir que mi viaje lo planeé para haberme quedado unos quince días; sin embargo, me quedé seis meses, hasta que me echaron del país. Hoy sí puedo decir que me echaron como a una inmigrante. En esos seis meses me pasó un poco de todo, pero intentaré ser breve, porque hay muchas cosas que contar. Seis meses siendo Kayla dan para mucho.

Empezaré contando cómo una tarde conocí en el bar del paseo marítimo, durante uno de mis largos paseos, a un chico italiano del norte, hijo de un hombre rico y propietario de un puerto mercantil cerca de Venecia. Me contó que acababa de venderlo para mudarse a América. Muy amablemente me invitó a beber algo con él en la barra y después de un mojito nos fuimos a su casa. Conectamos desde el minuto uno y al día siguiente me invitó a quedarme en su apartamento, a lo cual no pude decir que no. Fuimos a recoger al hotel de Downtown mis pertenencias y me mudé con él. Vivía justo enfrente del paseo marítimo, en un coqueto apartamento con balcón. Lo que me extrañó fue que la casa no era nada personal: ni fotos ni recuerdos. Pero bueno, cada uno es de una manera.

Al día siguiente fuimos en moto a recorrer la ciudad y me dijo que se tenía que marchar a Filadelfia a trabajar. Debí de poner una cara muy triste, porque me dijo que no me tenía que ir de la casa en su ausencia, que podía quedarme hasta que volviera a Europa. Así que decidí aceptar su ofrecimiento y aprovechar los días que me quedaban de la mejor manera posible. El tema fue que, según se acercaba la fecha de regresar, estaba tan bien y recordaba tanto el vuelo que pensé: «Si me quedo quince días más, no pasa nada»... Y eso sucedió.

Unos días antes de regresar a Europa, no por mi voluntad, conocí a un chico dominicano. En realidad, Miami está repleto de latinos. Quizás diría que se oye hablar por la calle más español que inglés. Este amigo dominicano me invitó a una fiesta de tarde. Por fin iba a ir a una de esas fiestas americanas de piscina que se ven en televisión. En menos que canta un gallo, estábamos en una gran fiesta. En el *parking* había todo tipo de coches de lujo y acercándonos a la piscina vi mucha gente, música y olor a barbacoa. Según vi la piscina, me tiré. Empecé a beber y comer, a bailar y a hablar con toda la gente en la piscina como si les conociera desde hacía siglos. Ya medio borracha, mi amigo me dijo que iba a saludar a su prima y que pronto vendría al agua.

Después de un buen rato, vi a lo lejos a mi amigo acercándose con una chica vestida de camarera de *catering*. En el mismo momento, por el otro lado, un chico que intentaba ligar conmigo me preguntó si yo era amiga o familiar de la esposa o el esposo. En un primer momento, no entendía nada. Me di la vuelta y le pregunté qué había dicho; si, por favor, podía repetir la pregunta, porque con la música no me enteré. Sonriendo me volvió a preguntar lo mismo, al mismo tiempo que mi amigo me llamaba:

—Kayla, ¡esta es mi prima!

Me quedé con cara de tonta y una sonrisa falsa. Entendí que la fiesta realmente no era una *pool party,* sino la fiesta de una boda, y que la celebración no era de su prima. ¡Nos habíamos colado! Entonces respiré profundamente mientras mi supuesto amigo me ofrecía su mano para salir más rápido de la piscina, diciéndome que había llegado la hora de irnos. Sin saber nada, había pasado la mejor fiesta de boda como infiltrada. De primeras me enfadé, pero al momento pensé: «¿Qué más me da? ¿Para qué me voy a enfadar con él, si en realidad lo he pasado bomba?». Así que, con las prisas y una copa de champán en la mano, salimos corriendo mientras los invitados nos miraban sin entender nada.

Al día siguiente salí con mi amigo dominicano por los locales y las discotecas latinas de Miami. Era una noche cálida y dentro de los locales podías morir asfixiado, así que salí a fumar un cigarro a la calle y, mira por dónde, justo en el momento en que dos bandas se estaban peleando. Pensé que lo mejor era moverme de ahí. Mientras estaba encendiéndome el cigarro y cogiendo rumbo, pues no quería problemas, escuché:

—*Hello, sorry, Miss.*

Pensé que era algún chico que quería ligar conmigo, así que con un golpe de cuello, moviendo el pelazo moreno, me di la vuelta y, sorpresa, un policía de dos metros, con la mano apoyada en la culata de la pistola, me estaba pidiendo la documentación. Creo que pensó que también era latina y estaba en el posible follón callejero. Un escalofrío me recorrió el cuerpo y mi cerebro iba a mil por hora. «Kayla, recuerda lo que has preparado para esta situación, que llevas seis meses de manera ilegal. Jo, qué marrón. Venga, no falles y suelta el discurso. Preparada para tu mejor actuación».

Así que con mi mejor sonrisa y una cara de simpática le dije:

—Por supuesto. Un momento, por favor.

Miré mi bolso y me hice la sorprendida, como si mi pasaporte se hubiera desintegrado. Le dije que no lo encontraba y el policía, que debía de estar más que acostumbrado, me soltó:

—Vaya, qué casualidad, señorita.

Ahora sí que tenía que actuar para ganar el Emmy, el Globo de Oro y el Óscar. Con cara de sorprendida, le dije al policía:

—¡Oh, Dios mío! Me acaban de robar el monedero con todo el dinero, mi pasaporte, mis documentos. ¿Qué haré ahora?

Apoyando mi rostro entre las palmas de las manos, seguí y le expliqué que yo no hablaba inglés ni español, haciéndome la que no entendía. Sin embargo, tras dos minutos de actuación, me pusieron las esposas sin tantas tonterías y me invitaron a entrar en el coche policial. Bueno, lo que se dice invitar invitar..., no exactamente. No fue una invitación, más bien me empujaron y con la sirena encendida me llevaron a la comisaría. Entendí que algo no iba bien.

Mi interpretación como actriz no había sido una de las mejores, así que tenía que ponerme las pilas. Además, me di cuenta de que no son muy amigables con el colectivo LGBTIQ+.

No puedes decir que has vivido en una ciudad si no te pasan ciertas cosas, y estar en una comisaría de policía americana es toda una experiencia. En las películas siempre hay caos, teléfonos sonando sin parar, gente gritando, borrachos... Pues es real. Y ahí estaba yo, divina con mis tacones y mis lentejuelas en una celda, rodeada de lo mejor de Miami. Tras un rato, que se me hizo eterno, apareció un policía que quería hablar conmigo, pero decidí seguir con mi papel de «no entiendo nada» hasta que apareció su amigo el policía italiano, con el que no tuve precisamente un momento de hermandad. Me soltó en plan muy borde:

—¿Te estás haciendo la estúpida o te crees que lo somos nosotros? ¡Dime tu nombre y dame tus documentos identificativos! ¡No tengo tiempo que perder! —Menuda voz profunda con acento romano salió de aquel hombre.

Aunque no fue muy amable, puse mi mejor cara pensando que, como ambos éramos italianos, al final se ablandaría y le dije:

—*Ciao, salve! Mi chiamo...* —Y empecé a cantar.

Le di mis datos. Bueno, realmente no los míos, sino los de la hija de una vecina de mis padres que sabía por una llamada a mi madre que había estado unos meses antes en Estados Unidos y, como no había documentación, no podían contrastarlo. Les di esa información. Tras las comprobaciones oportunas, regresaron, me pusieron mis nuevas pulseras y me metieron en un coche con destino al aeropuerto internacional de Miami.

Si os pensáis que la expulsión es como en *Gran hermano,* que la gente de aplaude, no se parece en nada. Me dijeron que no podría volver en diez años a los Estados Unidos y yo, muerta antes que sencilla, les dije toda digna que no pensaba volver porque no me merecían, que su país era feo y que no tenía cultura, que eran arrogantes y muy resentidos. La gente nos miraba a mí y a mis dos guardaespaldas mientras cruzábamos los pasillos del aeropuerto y, la verdad, ante esas miradas de «mira, por ahí va una criminal» solo se me ocurrió (creo que también fruto del mal rato y los nervios) empezar a decir a todo aquel que me miraba: *«I'm a killer!»,* con cara de loca y voz de león. Los policías se iban riendo de mi ocurrencia, pero no podían dejarme ahí, así que siguieron con los empujones hasta que me dejaron sentada en el avión, en la zona de primera clase.

Cuando llegáramos a Roma ya sabía que estaría la policía esperándome, así que antes de aterrizar me cambié de ropa y cogí una gorra a uno que estaba durmiendo. Con mi medio camuflaje podría pasar desapercibida a mi llegada. Y, efectivamente, no me equivocaba. Al desembarcar del avión había dos policías esperando a la salida. Entonces se me ocurrió coger del brazo a un hombre alto de color, como si fuera su novia, y le pregunté sonriendo y con cara de enamorada si sabía dónde estaba la estación de metro más cercana. El chico me miró con cara de sorprendido y luego me sonrió. Justo al pasar el control de los dos policías me contestó que no tenía idea, que era su primera vez en Roma, y muy educadamente le agradecí la información y me alejé rápido hasta unirme al resto de turistas rumbo al metro. Una vez en él, me quité la gorra y la blusa, quedándome con una camiseta de tirantes blanca y mi largo pelo negro. Llegué sana y salva al centro de Roma, asegurándome de que nadie me seguía.

Un día, hablando con mi madre, me dijo que a la vecina casi le dio un infarto cuando le llegó una multa desde América para su hija de ochocientos euros. Ella, que con el frío nunca encendía la calificación para ahorrar. Menudo susto. Yo le dije:

—Qué casualidad que su hija también estuvo en América. Es que hubiera debido tener más cuidado en estos países.

Y esta fue mi experiencia en América. Ahora creo que las calles son demasiado anchas y solitarias y que la gente no interactúa y no mira a su alrededor. Además, la comida es muy grasienta; si en un sitio te comes una ensalada y agua, te sale carísimo, pero si comes comida basura, es muy barata. La Coca-Cola es gratis en los *burgers* y los vasos son de un litro; sin embargo, el agua vale cinco euros una botella pequeña. A menudo me preguntaba si el agua la traían desde Lourdes o Fátima por lo costosa que era. Creo que algo falla en la sociedad americana, que todos solemos tener tan idealizada. Sé que alguno querrá apedrearme por lo que estoy diciendo, pero es mi experiencia y mi visión.

La gente es un poco egocéntrica. La moda, según ellos, es exageración. Mi pregunta es: ¿volvería a vivir en América? Pues diría que no de manera rotunda. No, porque el océano es muy peligroso; si te bañas, las olas te llevan a Cuba, y el mar está muy sucio, lleno de algas siempre, y que no te encuentres con un tiburón. Los socorristas no están tan buenos como parece en las películas y el sol de Florida, aunque yo esté acostumbrada a cuarenta y cinco y cincuenta grados en Canarias, quema porque hay mucha humedad, tanto que un día me quemé la nariz, la frente, los hombros y me salió un herpes en los labios. Parecía una patata hervida, con toda la piel despegándose de mi cuerpo. Las tiendas de deportes tienen todo tipo de marcas a la orden del día, pero no para gente deportista o con un modo de vida *healthy,* sino más bien para tallas grandes o, mejor dicho, *extra large,* para que estén más cómodos, imagino que en el sofá de casa, disfrutando de un litro de Coca-Cola de cereza. Esa es la cultura americana que no nos muestran en las películas.

Yo en Europa jamás había visto algunas de estas cosas antes. Los cafés son de litros, con nata, caramelo, chocolate, canela, etc. Es cierto que, como italiana, solo conozco los expresos de toda la vida, y el capuchino una vez al mes. Nunca me había enfrentado a unos expresos de medio litro. Y, por supuesto, no los acompañas con tartas y los donuts, que se comen como si no atascaran las arterias. Estados Unidos es una gran fábrica de azúcar. La leche se vende en garrafas de cinco litros, que parece detergente para la lavadora, y no se estropea. Y con los zumos de naranja, que de zumo y de naranja no llevan nada, pasa lo mismo. Me di cuenta de que el sistema americano tiene interés en que su gente se ponga enferma, para que pueda contratar un seguro médico privado y pagar medicinas sin necesidad. A mi parecer, fue mucho más difícil llevar una vida sana y saludable allí y, por supuesto, mucho más cara.

Mi conclusión de esta experiencia: el sistema quiere tener a la gente sumisa y apagada con exceso de azúcar, manipulada por los medios de comunicación e idiotizada con series y películas. No fomentan la práctica del deporte ni la vida saludable para que cada vez y desde más jóvenes sean gente enferma que enriquezca el sistema.

Panem et circenses, del latín: da a tu pueblo pan y juegos para que esté entretenido y lo tendrás controlado. Quien quiera lo va a entender.

MAMMA MIA

El calor del hogar siempre ha sido un refugio seguro para mí, especialmente en esos días en los que el mundo exterior parecía tan cruel y confuso. Pero no era la calidez de las paredes lo que me daba consuelo, sino la presencia inquebrantable de mi madre, Ana. Desde el momento en que decidí compartir mi verdad, desde que dejé de ser «F» para convertirme en la persona que siempre había sentido en mi corazón, mi madre estuvo a mi lado con amor, apoyo y una comprensión que desafiaba las palabras.

El día que revelé mi identidad fue uno de los más difíciles de mi vida. Llevaba años lidiando con un profundo sentimiento de desajuste, de que algo no encajaba, y al final había reunido el coraje para hablar con mi madre. Con el corazón acelerado y lágrimas en los ojos, me senté frente a ella y le dije:

—Mamá, soy una mujer. Siempre lo he sido, pero hasta ahora no lo he podido decir.

Mi madre, con su expresión serena y cálida, simplemente extendió la mano, agarró la mía y, sin una pizca de duda, respondió:

—Te amo, Kayla, y siempre te amaré. Eres mi hija y nada cambiará eso.

En ese momento supe que, aunque el mundo podría ser cruel, mi madre sería mi roca, mi puerto seguro en medio de cualquier tormenta. Mi faro marítimo que, con su luz, me llamaría para facilitarme el camino a casa, a sus brazos, y un lugar seguro cada vez que lo hubiese necesitado.

EMOCIONES Y MIEDOS COMPARTIDOS

Mi viaje de transición no solo fue mío; fue un camino que recorrí junto con mi madre. Ella, como cualquier madre, tenía miedos y dudas. No temía por la identidad de su hija, sino por los desafíos que afrontaría yo en un mundo que no siempre comprendía ni aceptaba a las personas transgénero. Temía por los comentarios hirientes, por las miradas de juicio y por la posible soledad que yo podría sentir.

Mi mamá pasó noches en vela, rezando a Dios para que me protegiera, y se preocupaba por mi futuro. En esos momentos de oscuridad, a menudo se encontraba rezando en silencio, pidiendo fuerza y sabiduría para guiarme en mi camino. No había manuales ni guías claras para ser la madre de una hija trans; solo estaban su amor incondicional y su deseo de verme feliz y realizada. A pesar de sus miedos, mi madre nunca dejó que yo los viera. Siempre se mostró fuerte, segura y dispuesta a apoyar a su hija en cada paso.

Pero yo, que había aprendido a leer a mi madre como un libro abierto, sabía que ella cargaba con esos temores. Sabía que detrás de cada sonrisa alentadora había un corazón que sufría en silencio, no por mi transición, sino por los posibles obstáculos que podrían surgir en mi camino. Este conocimiento solo fortaleció el vínculo entre ambas, pues yo me prometí a mí misma que, a pesar de los desafíos, demostraría a mi madre que todo su amor y apoyo no habían sido en vano y que, pasara lo que pasara, a ella nunca se lo haría saber para no provocarle malestar y preocuparla, dada la distancia y los miles de kilómetros que nos separaban. Y me prometí que vería siempre la mejor versión de mí.

EL CAMINO

El proceso de transición estuvo lleno de momentos difíciles tanto para mí como para mi mamá. Hubo visitas al endocrinólogo, sesiones con terapeutas y, finalmente, la planificación de la cirugía de reasignación de sexo en Bangkok. Cada uno de estos pasos fue un recordatorio de lo complejo que era este viaje y de la cantidad de cambios a los que ambas nos tendríamos que enfrentar.

Mi supermamá se sumergió en la investigación, devorando libros y artículos sobre la disforia de género y las experiencias de otras madres con hijas trans, además de vídeos de YouTube, Instagram, Facebook y hasta TikTok. Quería entender cada aspecto del proceso, no solo para apoyarme, sino también para estar preparada para cualquier situación que pudiera surgir. Pero había cosas que la teoría no podía enseñarle, como el dolor de verme sufrir cuando el mundo exterior no me aceptaba o la frustración de ver lo lenta que era la burocracia para reconocerme legalmente como la mujer que siempre había sido.

Uno de los momentos más duros fue cuando, después de meses de terapia hormonal, me miré al espejo y no vi el cambio que tanto esperaba.

—Mamá, ¿y si nunca llego a ser quien soy? —le pregunté entre lágrimas.

Mi mamá me abrazó fuerte, con todo el amor que podía reunir, y me dijo:

—Ya eres quien eres, mi amor. No necesitas la aprobación de nadie más que la tuya propia. Y yo estoy aquí para recordártelo, cada día, hasta que tú misma lo creas.

Y LLEGARON LA LUZ Y ALEGRÍA

Pero no todo fue dolor y lucha. Hubo muchos momentos de felicidad, momentos en los que mi mamá y yo compartimos risas, lágrimas de alegría y un amor que creció más fuerte con cada desafío superado. Mi madre estuvo presente en cada pequeño logro que yo alcanzaba, desde el primer día que salí al mundo como yo misma hasta la primera vez que alguien me llamó «señorita» sin dudarlo.

Uno de los recuerdos más queridos por ambas fue el día en que decidí donar toda mi ropa antigua.

—Ya no necesito esconderme —dije con una sonrisa que iluminó todo el cuarto.

Mi madre me ayudó a seleccionar prendas nuevas, a encontrar mi estilo, y juntas celebramos cada pequeña victoria en ese proceso de descubrimiento personal.

Y, por cierto, me regaló también una caja nueva llena de maquillaje y brochas, ya que siempre le desaparecían los suyos porque yo se los robaba. O, mejor dicho, se los cogía prestados, como alguna prenda de vestir también.

El amor incondicional

El amor entre mi mamá y yo es un amor incondicional, un amor que no conoce fronteras ni límites. Mi mamá siempre había creído que su misión en la vida era ser la mejor madre que pudiera ser, y para mí eso significaba aceptarme en mi totalidad, con todos mis miedos, mis sueños y mis verdades.

En los días que siguieron a la cirugía, mi madre estuvo conmigo en cada paso del proceso de recuperación. Me daba ánimos (y no solo a mí, sino también a todas las chicas del hospital que se habían operado como yo), compartía historias y, sobre todo, me recordaba cuánto me amaba. También apoyaba moralmente a las demás que estaban solas, a quienes les decía que no importaba cuántas millas las separaran de sus casas, pues sus madres las querían igual, porque entre madres e hijas hay un vínculo que es inquebrantable.

Un futuro compartido

Con el tiempo, mi vida empezó a estabilizarse. Me sentía más cómoda en mi piel y con cada día que pasaba la ansiedad y el miedo fueron reemplazados por confianza y alegría. Mi madre no podía estar más orgullosa de su hija. Verme florecer después de tanto sufrimiento fue el mayor regalo que la vida podría darle.

Por mi parte, sabía que no podría haber llegado tan lejos sin el amor y el apoyo de mi madre. Ella no solo me dio la vida, sino que me permitió vivirla en plenitud. Juntas comenzamos a planear un futuro lleno de posibilidades. Hablamos de viajar, de explorar el mundo juntas y de compartir cada nuevo descubrimiento.

En cada conversación, en cada pequeño gesto, el amor entre ambas brillaba con luz propia. Mi madre siempre estaría disponible para mí y yo siempre la llevaría en mi corazón como mi mayor fuerza y mi más grande bendición.

El vínculo entre una madre y su hija es uno de los más fuertes y profundos que existen. Ella y yo lo sabíamos, y lo vivimos en cada etapa de mi viaje juntas. No fue un camino fácil, pero el amor que compartimos me dio la fuerza para superar cada obstáculo.

Este capítulo de nuestras vidas es una prueba del poder del amor incondicional, del coraje y de la importancia de la familia. Ella no solo es una madre, es también una amiga, una guía y un pilar inamovible para mí. Y yo, con mi valentía y mi determinación, me convertí en la hija que mi mamá siempre supo que tenía: una mujer fuerte, hermosa y auténtica.

El viaje de Kayla continúa, pero siempre lo hará con el amor de su madre como su luz y guía. Y ese amor, profundo y verdadero, es el tipo de amor que no solo emociona, sino que inspira y transforma, dejando una huella eterna en el corazón de quienes lo experimentan.

La Madre Ideal y su Huella Infinita
El reflejo de lo perfecto

¿Qué es una madre ideal? Es una pregunta que, en algún momento de la vida, todos nos hacemos. Es la figura que nos acompaña desde el primer aliento, la que está presente en nuestros primeros pasos, en nuestras primeras palabras y en nuestros primeros miedos. Pero ¿cómo se define a una madre ideal? ¿Es posible siquiera definirla, cuando cada madre, con sus virtudes y defectos, deja una marca única en la vida de sus hijos?

Para algunos, la madre ideal es la que está siempre disponible, la que con un solo abrazo puede calmar las tormentas internas que sacuden el alma. Para otros, es la que sabe cuándo estar cerca y cuándo dar espacio, la que enseña con su ejemplo el valor de la independencia y la fuerza. Pero, sobre todo, la madre ideal es aquella que ama sin condiciones, que acoge a su hijo o hija con todos sus defectos, miedos y esperanzas y que le brinda un refugio seguro donde ser uno mismo.

Una madre ideal no es perfecta, porque la perfección es inalcanzable y, en cierto sentido, antinatural. Ella es humana, comete errores, tiene dudas y a veces se siente abrumada por el peso del mundo que lleva sobre sus hombros. Pero es en esa imperfección donde radica su verdadera grandeza. Una madre ideal se define no por la ausencia de fallos, sino por la constancia de su amor, por su capacidad de levantarse una y otra vez, incluso cuando todo parece perdido.

La importancia en nuestras vidas

La importancia de una madre en nuestras vidas es algo que a menudo damos por sentado hasta que, de repente, somos conscientes de su inmensidad. Ella es la primera persona en enseñarnos lo que significa el amor incondicional. Nos enseña a distinguir el bien del mal, no solo con palabras, sino con acciones. Nos muestra cómo amar, cómo cuidar, cómo proteger a los que amamos, y nos da el valor para enfrentarnos al mundo, sabiendo que siempre habrá un lugar al que regresar cuando las cosas se pongan difíciles.

En esos momentos de duda, cuando el peso del mundo parece demasiado grande, es la voz de una madre la que resuena en nuestras mentes, recordándonos que somos más fuertes de lo que creemos, que podemos superar cualquier obstáculo si seguimos adelante con determinación. Ella es la luz en la oscuridad, la guía en medio de la tormenta, la roca firme en la que nos apoyamos cuando todo lo demás se tambalea.

Para muchos, una madre es la persona que los ha visto en sus peores momentos y, aun así, los ha amado incondicionalmente. Es la que nos conoce mejor que nadie, la que puede leer nuestros silencios y entender nuestras lágrimas antes de que caigan. Ella es la que ha estado allí desde el principio y la que, en nuestras mentes, nunca debería irse.

El vacío cuando ya no esté

Pero ¿qué pasa cuando esa figura se va? Cuando la madre que ha sido nuestra ancla ya no está para sostenernos, ¿cómo seguimos adelante? Es una realidad que pocos quieren enfrentar, pero que, inevitablemente, llega para todos.

La pérdida de una madre es un vacío que nunca se llena por completo. Es un dolor sordo que persiste en el fondo del corazón, una sensación de orfandad que nos recuerda que ya no tenemos a quién acudir en los momentos de necesidad. Pero, más allá de la tristeza, hay un legado que permanece. Cada enseñanza, cada abrazo, cada palabra de aliento viven en nosotros. Su amor, su dedicación y su sacrificio se convierten en las raíces que nos sostienen, incluso cuando ella ya no está físicamente presente.

Cuando una madre se va, el mundo se siente más frío, más solitario. Pero es en esos momentos de duelo cuando su verdadera importancia se revela. Es entonces cuando nos damos cuenta de cuántas veces ella fue nuestro soporte, nuestra guía, nuestra luz. Y, aunque su ausencia duele, también nos enseña a valorar más profundamente el tiempo que tuvimos con ella.

EL LEGADO DE AMOR

Una madre ideal no solo nos da la vida, sino que nos enseña a vivirla con amor y propósito. Su legado no se mide en las cosas materiales que deja atrás, sino en los valores, en las lecciones y en el amor que infunde en nuestros corazones. Ella es quien nos muestra cómo amar sin condiciones, cómo perdonar, cómo luchar por lo que es justo y cómo ser compasivos con los demás y con nosotros mismos.

Incluso después de que se haya ido, su influencia sigue moldeando nuestras vidas. Nos encontramos recordando sus palabras en los momentos difíciles, buscando su aprobación en nuestras decisiones importantes y sintiendo su presencia en las pequeñas cosas que nos rodean. El perfume que usaba, una canción que solía cantar, la forma en que doblaba nuestras sábanas... Todos esos pequeños detalles se convierten en tesoros que guardamos con cariño.

Y aunque la tristeza de su partida nunca desaparece del todo, con el tiempo aprendemos a vivir con ella, a encontrar consuelo en los recuerdos felices y a seguir adelante sabiendo que el amor de una madre es algo que trasciende el tiempo y el espacio.

EL AMOR QUE NUNCA MUERE

En última instancia, la madre ideal es aquella que, a pesar de sus imperfecciones, nos amó con toda su fuerza. Es la que nos enseñó a amar, a ser valientes, a enfrentarnos al mundo con dignidad y compasión. Es la que nos dejó un legado de amor que, aunque invisible, es más real y duradero que cualquier otra cosa en este mundo.

Cuando ella ya no está, la vida puede parecer vacía, pero su amor sigue vivo en nosotros. Es ese amor el que nos da fuerzas para seguir adelante, para honrar su memoria y para tratar de ser la mejor versión de nosotros mismos, porque sabemos que eso es lo que ella habría querido.

Así que, para todos aquellos que aún tienen a su madre a su lado, valoren cada momento, cada palabra, cada gesto. Y para los que ya no la tienen, recuerden que ella sigue viva en su amor, en sus enseñanzas y en todo lo que les dejó. Porque una madre ideal, una madre de verdad, nunca se va del todo. Su amor es eterno y sigue guiándonos, protegiéndonos y amándonos hasta el final de nuestros días.

Es en este legado, en este amor inmortal, donde encontramos consuelo, fuerza y paz. Y es ahí, en ese amor infinito, donde una madre sigue siendo la luz que ilumina nuestro camino, incluso cuando ya no podemos verla.

GAGA

¿Sabéis eso del amor a primera vista? Pues es lo que me pasó con Gaga.

En una de las muchas noches de verano después del espectáculo en el hotel, como de costumbre, nos cambiábamos mientras se quitaba la decoración del escenario y se llevaban los trajes y vestidos del espectáculo a arreglar, o bien se ponían las lavadoras de ropa sucia del *show*. Casi siempre las ponía Martina, una animadora italiana de Padua, una chica de pelo castaño claro, casi rojo, con unas grandes gafas de montura de acero, llena de tatuajes, con su indumentaria y su forma de andar tan masculinas, con su tabaco de liar y su acento de la zona italiana que la vio nacer, y que desprendía una gran simpatía y tenía un corazón enorme. Una chica llena de energía a la búsqueda de un amor verdadero, aunque se quejaba siempre de que no conseguía a nadie para acostarse con ella y entre nosotras jugaba de forma irónica, tomándonos el pelo sobre su vuelta a ser virgen otra vez y a sus telarañas. Para mí, ella fue de gran ayuda durante las temporadas en los hoteles, un brazo derecho, además de un gran apoyo mental y una gran amiga en quien confiar.

Recuerdo que cada sábado nos prometíamos que esa noche encontraríamos a alguien para llevarnos una alegría a la cama. Siempre lo intentábamos, pero terminábamos la fiesta de la misma manera, yo casi siempre bailando con alguien sin parar y Martina siempre borracha, sola y eufórica, esperando al príncipe azul entre un baile de reguetón tratando de ser sensual en el centro de la pista y un vodka Demon, pero sin resultado alguno.

Uno de esos sábados nos vestimos con tacones altos bien marcados, maquillaje, cabello liso y Martina con su inseparable pañuelo y nos fuimos al Pizza Stop. Este sitio era un lugar donde vendían porciones de *pizza*. Era una pequeña tienda, con dueño uruguayo, que estaba justo al lado del hotel donde solíamos parar primero para tomar una buena cerveza bien fría. Nos tomamos una cerveza grande y cuando el grupo ya empezaba a calentar motores nos pusimos en marcha en dirección al Time, un pequeño *pub* disco que no estaba muy lejos, ya que Cala D'Or es una zona donde hay cuatro calles paralelas, un par de tiendas artesanales, restaurantes y su famosa playa.

Entramos en el Time y, tras un par de pasos, estábamos luciéndonos en el centro de la pista un grupo ruidoso de nueve animadores, al que poco a poco se iban uniendo los demás, y comenzamos a montar un espectáculo. Obviamente, todos los turistas nos miraban preguntándose quiénes éramos y de dónde veníamos. Cuando sonaba una canción de nuestro *show,* era típico hacer las coreografías originales de baile todos juntos, claramente dejando a todos acorralados en el lado de la pista de baile, para luego volver a nuestra mesa y a nuestros *drinks* accionando el «modo pesca», con los ojos bien abiertos, escaneando a todos los chicos de la disco, comentando cuál era el más guapo, el menos agraciado pero simpático, el soltero y el más creído. A veces, cuando la mercancía no era de las mejores dentro de la disco, se apuntaba sobre los chicos del bar y los camareros como último recurso, aunque tristemente sin ningún resultado.

También ese sábado, después de bailar con todos y con los huéspedes del hotel, la pesca fue mal. Sobre las cuatro de la madrugada, Martina y yo nos miramos a los ojos y telepáticamente estábamos planeando ir a mi casa a cocinar unos espaguetis como de costumbre. Lo hacíamos cuando no habíamos conocido al príncipe. Luego dormíamos, nos levantábamos el domingo con dolor de cabeza e íbamos a la playa a pasar el día libre, pasando primero por el Pizza Stop a coger unas cervezas, que pensábamos que nos iban a quitar el dolor de cabeza.

Pero ese sábado pasó algo que cambió nuestros planes y el rumbo de esa monótona noche. Salí de la discoteca para fumar un cigarrillo cuando, sin prestar mucha atención, mi ojo apuntó a un chico que iba en la parte de atrás del camión de la basura, que cruzaba por una calle lateral, llamando mi atención. Seguí todos sus movimientos, apreciando su trasero mientras bajaba a recoger los contenedores y vaciarlos. De repente vi salir a un anciano de detrás de una esquina con una bolsa de plástico en su mano y tirarla al camión, yéndose marcha atrás a paso rápido, asegurándose de que nadie lo había visto. Cuando la bolsa chocó dentro del camión, se escuchó un fuerte lamento como de animal, lo que inmediatamente me hizo saltar la alarma del instinto de salvamento, como la Patrulla Canina. Me quité los tacones y empecé a correr hacia el camión, gritando a los chicos y pidiéndoles que pararan. Los pobres basureros me miraron con cara de pensar que estaría loca, con los tacones en la mano, toda bien arreglada y corriendo (intentando correr, mejor dicho, por las copas de alcohol) hacia el camión.

Les dije que había visto a un hombre tirar una bolsa de basura y escapar, y que había escuchado un animal llorando dentro. Los basureros se pusieron a reír, sin tomarme en serio, y es cuando decidí que no había tiempo que perder antes de que aquel animal fuese triturado y me tiré dentro del camión. Ahora hay risas, pero se quedaron de piedra. Se me rompió el vestido y no paraba de llorar. Llamaron a la policía porque empecé a tirar toda la basura fuera del camión. En mi cabeza veía solo aquella bolsa de color blanco.

Mientras tanto, Martina, no viéndome en el local, salió a buscarme y vio montado todo el espectáculo. Toda la gente empezaba a mirar lo que estaba pasando, pero entre porquería y un olor nauseabundo encontré la bolsa de plástico. Parecía que tenía vida propia, se quejaba y movía. La encontré. Salté del camión como pude, sin soltar la bolsa, con una cáscara de plátano en el hombro y con la bolsa de plástico entre mis brazos como si fuese un trofeo. Mientras tanto, Martina se acercaba y la gente del bar también a ver qué estaba pasando. Los basureros me ayudaron a bajar del camión sin matarme y Martina, cuando se dio cuenta que la protagonista de todo aquel escándalo era yo, empezó a gritarme:

—¡Idiota, sal de ahí!

Pero yo, toda victoriosa y orgullosa, la miré y, apoyando la bolsa en el suelo, la empecé a romper con mis uñas.

De repente una cabecita blanca, negra y marrón salió del hueco como para respirar. Tenía una cinta adhesiva que le cerraba la boca y se la quité inmediatamente. Sus ojos profundos, negros y tristes me miraban fijamente. La saqué rápidamente del saco de plástico y vi que sus patitas estaban también atadas con más cinta adhesiva. Ahí fue cuando los basureros me empezaron a ayudar. Me di cuenta de que había sido desechada como la basura porque acababa de dar a luz. Tenía aún las mamas llenas, pero no había bebés. La cogí entre mis brazos, la abracé con fuerza contra mi pecho y sollocé, prometiendo que la cuidaría por el resto de su vida. Toda la gente se fue acercando, curiosa, hasta los porteros de la disco; algunos con la nariz tapada, otros con la copa en la mano, que por el pedo ni se daban cuenta del mal olor, y otros diciendo que había que avisar a la policía. Y de fondo musical para esta escena empezó a sonar *Born this way,* de Lady Gaga.

Por fin me ayudaron a levantarme del suelo y, viendo a la pequeña rescatada, fue cuando todo el mundo empezó a aplaudir. Fue muy emocionante. Mirando alrededor, llegué a cruzarme con los ojos brillantes por las lágrimas de Martina, que rápidamente vino a abrazarme y a llevarme a casa para que me duchara. Pasé por muchos sentimientos y emociones en aquel breve momento: miedo, alegría, tristeza, impotencia, euforia...

—¡Desde hoy ella es Gaga! —grité mirando a todos y levantándola al cielo de la noche como a Simba, de *El rey león.*

Los basureros sonrieron. En realidad, casi todos sonreían con cara de felicidad. Recogimos mis cosas, los tacones, al perro, la copa y con la nueva fragancia, *eau* de basurero, nos fuimos a mi casa, pero feliz y orgullosa de mi actuación. Por cierto, quería decirte, querido lector, que la policía nunca llegó ni pilló al malnacido que tiró a Gaga al contenedor.

Una vez en casa, la bañamos dos veces con agua calentita y yo me duché unas cuatro veces, porque no se me quitaba aquel olor de la nariz ni del pelo. Entre que Martina cocinaba los espaguetis (pasados de cocción, como siempre), a las seis de la mañana comimos y nos fuimos a la cama, aunque ese día éramos tres, Martina, Gaga y yo.

El lunes la llevé al veterinario, quien confirmó que estaba bien y que acababa de dar a luz. Le pusimos el microchip, porque no tenía, las vacunas, le sacamos el pasaporte y se la registró con el nombre de Gaga. Pronto se hizo amiga de todos los clientes del hotel con su carácter dulce y tierno. Tenía su cunita en casa y otra en el camerino. Desde que vino a trabajar conmigo, pronto pasó a formar parte de nuestra gran familia de animadores y en el *show* de *El rey león* fue la protagonista, vestida de Simba, en la famosa escena donde es elevado al cielo por el mono Rafiki, recibiendo los mayores aplausos y haciéndose fotos con los clientes como una verdadera estrella de cine.

Hoy puedo decir que en mi vida estuve también en un camión de basura, y no me da vergüenza contarlo si la causa supera la acción. Estoy muy orgullosa y feliz de haberlo hecho, y aún más de haber escuchado a mi instinto, de haber oído aquel lamento de supervivencia que me llamaba.

TIENES UN *MATCH*

➤

Gaga y yo viajamos mucho. Pasábamos los veranos en Mallorca y los inviernos en las islas Canarias. Así estuvimos unos tres años. Yo trabajaba de directora artística, coreógrafa, coordinadora y todo lo relacionado con los espectáculos. Digamos que trabajaba mucho y ahorraba todo lo posible porque en noviembre tenía planeado el viaje a Tailandia. Después de todo este tiempo, por fin llegaría el momento de la última operación, la asignación de sexo.

Era octubre cuando acababa la temporada de verano en Mallorca y llegamos a Gran Canaria con mucho cansancio y kilómetros a la espalda, pero estaba feliz. Por fin faltaba poco para noviembre e ir a Tailandia después de unos meses de estrés. Ya no recordaba el tiempo que había pasado desde que hiciéramos esa lista en Barcelona con las operaciones que tenían que ir pasando por mi vida y que seguía guardando conmigo como mi guía de ruta.

Una tarde, después de mis clases de yoga, meditación, *fitness* y de preparación para la tan esperada operación, estaba recuperando energía en mi cama con el teléfono en la mano, sin hacer nada especial, cuando de pronto una aplicación para conocer gente (bueno, Tinder) me lanzó un aviso. Venía de Mallorca con ganas de conocer amigos nuevos, personas nuevas que me aportasen, y era justo lo que buscaba. Os aseguro que no buscaba sexo. Seguro que tú, que estás leyendo mi relato, estarás dudando de esta afirmación, pero puedo asegurarte que en mi perfil puse bien grande: «NO BUSCO SEXO».

Entre un dedo que se desliza a la derecha, «Me gusta», y tres veces que el dedo se desliza a la izquierda, «Nexxxt», se me presentó en la pantalla la foto de un chico con un gran perro blanco, labrador para ser exacta. Me detuve y pensé por dos segundos: «¿Pero y si me gusta el perro?». Mmmm... ¡Derecha! De repente... ¡Tinn! Un sonido de mensaje recibido: «Tiene un *match*». Y pienso: «Qué rápido va esto». Y de nuevo ese sonidito: ¡Tinn!

> *Él: Hola, ¿qué tal?*
> *Yo: Bien, ¡gracias! No sé si has podido leer mi perfil, pero no busco sexo. Para ser sinceros y no hacerte perder el tiempo, y no hacérmelo perder a mí, decirte, para que no se me olvide, que soy una chica trans.*

Hoy pienso en aquellos tiempos como si siempre me tuviera que justificar, diciendo lo que soy, no soy... ¡Qué tonta!

> *Él: Pues yo tampoco. Simplemente quería saludarte.*
> *Yo: Ah, bien. Qué bonito el perro blanco.*
> *Él: No es mío.*
> *Yo:* ☹
> *Él: Pero tengo dos. Uno igual al de la foto, la hermana, y un falso husky.*
> *Yo:* ☺.

Después de chatear cinco minutos, me preguntó si me apetecía un rato de playa con él. Tras pensarlo medio segundo, le dije:

Yo: Mmmm... Vale, ¿por qué no?

Y seguimos charlando. Ni siquiera después de media hora habíamos hablado de la playa a la que iríamos. Me gustó que me invitara a la playa y no al restaurante, como hacían casi todos, porque ir a tomar algo o ir a cenar era un compromiso que luego se transformaría en una noche de sexo, y al día siguiente, *«ciao, ciao,* Mickey Mouse», nunca te volveré a ver. Y yo lo que quería era solo una amistad.

Me puse el bikini y, sin maquillaje y con el pelo recogido con un moño, me puse unas chanclas, una falda vaquera y elegí bajar de mi casa sin ninguna expectativa. Casi al mismo tiempo que estaba bajando la escalera llegó una furgoneta Fiat blanca con un par de golpes. Llegó desde la rotonda de mi casa y, como solía hacer siempre, saqué una foto de la matrícula del coche y se la envié a mi hermosa amiga Bella. Era algo que hacíamos normalmente, es decir, cada vez que nos subíamos a un auto con alguien al que no conocíamos. Le tomábamos una foto a la matrícula y nos la mandábamos entre nosotras, más que nada para protegernos por si pasaba algo, para que la policía supiera a qué puerta ir a tocar. Claramente, sin que el conductor se diera cuenta y con la excusa de arreglar los cordones de los zapatos. Gracias a Dios, nunca nos pasó nada.

Foto de la furgoneta Fiat blanca tomada y enviada, así que abrí la puerta y allí estaba: un hombre canoso, con los ojos sucios de polvo como si hubiera cortado madera.

—Hola, soy Jose —se presentó.

—Hola, soy Kayla —le respondí, un poco perpleja, mientras le daba dos besos.

Enseguida pensé: «Pues vamos bien». Es verdad que yo no me arreglé ni el pelo e iba sin maquillaje, pero él también dijo en serio lo de no arreglarse. Sin embargo, inmediatamente se disculpó y me explicó que acababa de terminar de trabajar, que era carpintero y que se lavaría en el mar. No le di importancia, ya que yo buscaba una simple amistad.

Me llevó a la playa del Águila, preguntándome con antelación si la conocía. Contesté que no y que la única que conocía era la playa del Inglés y toda Mallorca. Me sonrió. Estacionamos y después de quinientos escalones llegamos a una pequeña playa negra, llamada playa del Pirata, llena de gente local. Nos sentamos en la arena, él se quitó la camisa y enseguida me brillaron los ojos y me dije: «Ah, pero nada mal está el carpintero». No me lapidéis porque haya dicho que solo buscaba amistad, pero soy humana y tengo ojos.

Empezamos a hablar para conocernos y fue agradable. Me explicó un poco su situación. Había terminado con su ex después de doce años y prefería estar solo. Yo igual, había salido de una relación con un futbolista francés y no tenía ningún deseo de tener ninguna relación. Seguimos hablando y hablando como amigos, me sentí cómoda todo el tiempo, parecía como si lo conociera de toda la vida. Era muy educado y nunca mentiroso o vulgar, al revés. Muy respetuoso, la verdad.

El sol empezó el camino de regreso a su casa y Jose me invitó a tomar una copa en el bar de unos amigos suyos en Meloneras. Nos dirigimos al bar, bebimos un par de mojitos y miramos juntos el atardecer. Recuerdo muy bien que había un ambiente relajado de amistad y confianza. Me sentí bien y él también. Entre los dos había una extraña conexión.

El estómago empezó a sonar, pero no eran mariposas, era el hambre, que se hacía sentir. Entonces decidí invitarlo a comer una *pizza* en el piso de abajo. Cenamos y, entre un vino y muchas palabras que nunca terminaban, llegamos al tiramisú. Me pregunté: «¿Ahora qué? Me siento tan bien que después de la cuenta todo se acabará y me iré a casa. Qué tristeza».

Como me había llevado a una playa que aún no conocía, decidí llevarlo yo a un lugar muy bonito que me encantaba, no muy lejos de donde estábamos. Ya era de noche y nos dirigimos hacia el faro de Meloneras, que ya llevaba un tiempo en funcionamiento iluminando el mar y girando sobre sí mismo. Justo enfrente hay un muelle que sale del faro y termina en medio del mar. En la oscuridad de la noche, caminamos hasta llegar al final del muelle y ahí nos sentamos en el suelo, al borde, con nuestros pies colgando sobre el mar.

Seguimos hablando y hablando sin descanso, como veníamos haciendo desde el mediodía, con el sonido del mar de fondo y un cielo repleto de estrellas que se sumergía en la oscuridad del horizonte. Todo era perfecto; sentados uno al lado del otro, continuábamos hablando. Su mano se posó sobre la mía sin querer, me pidió perdón sonriendo y le dije que no pasaba nada. Después de unos dos minutos, la atracción era muy fuerte. Cada uno quería quedarse en su sitio, pero dentro se empezaban a remover las energías. Y en un momento, hablando bajito, casi susurrando al oído, nos acercamos, él se dio la vuelta y nuestros labios se rozaron, mirándonos fijamente a los ojos. Y un segundo después surgió el beso. Ese beso mandó un escalofrío por todo mi cuerpo, desde la cabeza hasta los pies, que en toda mi vida jamás había experimentado.

Pero mi cerebro dijo: «¡No!». Este fue un beso que dio miedo. Me levanté de un salto, le pedí disculpas y le dije que ese beso no fue planeado y que no debería haber sucedido. Ya estaba empezando a ponerme paranoica. Me miró con ternura y me invitó a sentarme a su lado otra vez. Me tranquilizó diciéndome que ese beso era algo entre los dos y que si había sucedido era porque nació desde nuestro interior y que no había que preocuparse de nada, que no iría más allá de ese simple beso. Pero para mí ese beso no había sido un simple beso, había sido mucho más a nivel energético. Así que cogí mi chaqueta y le pedí que tuviera la amabilidad de llevarme a casa. Nos levantamos y seguimos hablando normalmente.

Me llevó a casa mientras yo no podía borrar ese beso de mi mente. Un pequeño detalle: en la primera media hora que estuvimos sentados en el muelle con la barriga llena, vimos una gran estrella fugaz, lo cual hoy creo que no fue una casualidad, y acto seguido, sonriendo, pedimos un deseo, asegurándonos de que ambos lo pedíamos con los ojos cerrados.

Una vez que llegué a casa, me duché y me metí en la cama. Comencé a pensar en qué hermoso día había pasado en compañía de esta hermosa persona a la que había conocido, y luego ese beso que tanto me hizo sentir. Pero en mi cabeza solo resonaba que ese beso nunca debería volver a pasar, porque os recuerdo que buscaba un amigo, no un novio.

En la cama pensaba: «Pero con esos ojos tan profundos y esa sonrisa tan bonita es tan tierno y hermoso... ¡Claro que era inevitable ese beso! ¡Para, Kayla, para! ¿Pero tú qué crees? ¿Que se va a enamorar de ti? Si no se ha comido un rosco al final del día, ¿crees que te va a volver a llamar? Tú sabes que todos los hombres son iguales y mañana será otro día y pasará de ti. Tómatelo como un bonito día en compañía de un humano. Aunque pasara algo, tú sabes que a ti no te está concedido enamorarte. ¿Y qué crees? ¿Que se va casar contigo? No te miran por dentro realmente para descubrir quién eres. ¿Qué dirían sus amigos, o los familiares, o la sociedad? ¡Dios, con una trans! Sabes que los hombres son superficiales, se quedan solo con el cuerpo y piensan con la entrepierna. Kayla, ¿acaso te gusta? ¡Tienes miedo! OK, OK, dejemos este tema, es hora de dormir. Pero me gustó mucho ese beso, y no creía que aún existieran en el planeta hombres así. Pero si tú quieres solo un amigo... ¡Ay, maldita cabeza y maldito corazón! ¡Qué confusión! ¡Kayla, duérmete de una vez! Vale, voy a contar las ovejas: una, dos, tres..., 40.050, etc. ¡Pero es guapo! Voy a contar las hormigas, a ver si duermo: una, dos, tres..., pequeñín 321...».

Y a la mañana siguiente, un mensaje de WhatsApp. ¡Tinn! Abrí mis ojos. El sol entraba por la ventana, los pájaros cantaban y con un bostezo me levanté y miré a mi alrededor. Cogí el teléfono y abrí el WhatsApp.

¡Buenos días, dormilona! ¿Dormiste bien?

Me froté los ojos, me puse las gafas y leí el segundo mensaje de Jose.

Solo quería agradecerte por el lindo día que me diste ayer. Lo pasé realmente muy bien y eres una buena persona. Es una linda compañía. ¡Te deseo un bonito día!

Leí el mensaje, salté de la cama y bajé a la cocina a prepararme un buen café con mi cafetera moka. Encendí un cigarrillo y bebí mi expreso como una buena italiana. Releí el mensaje. Al principio pensé: «¡Oh, Dios! Qué pesado. Y ahora querrá llevarme a la cama». Entonces, pensándolo bien, dije: «¿Pero por qué piensas así? Si no hizo nada malo, al contrario. Ha sido una persona educada, respetuosa todo el tiempo. Nunca te ha faltado al respeto y te ha tratado bien. Además, te hace sentir bien».

Claramente, como venía de una relación que terminó mal con el futbolista francés, ya no quería a ningún hombre en mi vida. Quería quedarme sola para siempre, considerando lo que ofrecía el mercado. Entonces me pregunté a qué tenía miedo, si tan solo quisiera un amigo. Inmediatamente cogí el teléfono y respondí el mensaje.

Hola, Jose. Espero que estés bien. Yo también lo pasé muy bien en tu compañía. Eres una buena persona. ¿Qué haces?

Me contestó que tenía que terminar de pintar unos paneles de *pallets* porque tenía que entregar un encargo. Le respondí que perfecto, que ánimo con el trabajo, y pensé que ahí quedaría todo, pero enseguida me preguntó qué iba a hacer durante el día, si tenía planes y si quería salir por la tarde con él. Respondí que no sabía; quería hacerme un poco la desinteresada y le dije que no sabía aún, que antes iría a sacar a mi perro y que por la tarde le diría algo. Me respondió que estaba bien y que hablaríamos a última hora de la mañana.

En realidad, su mensaje me hizo empezar el día de forma positiva y alegre, aunque a veces volvía a mi mente el beso de la noche anterior. Era el 29 de octubre y en pocos días me iría a

Tailandia para la tan esperada última operación de mi proceso de transición.

Llevaba cerca de seis meses preparándome cada día, mental y físicamente, con *running,* yoga, abdominales y mucha literatura e información. Le puse el collar a Gaga y como siempre bajamos a caminar, ella saltando y yo corriendo. Había un camión de gasolina estacionado cerca de mi puerta y en cierto momento un fuerte ruido me asustó primero a mí y luego aún más a Gaga, que salió corriendo hacia el centro del pueblo como nunca la había visto, dejándome con el collar en las manos. El ruido lo había provocado un borracho que había arrojado un palo de hierro al camión de gasolina, que estaba estacionado delante de su caja de cartón, humeando con los gases del escape.

Inmediatamente me puse a buscar a Gaga, repitiendo continuamente su nombre y su silbido con insistencia, cruzando el pueblo bajo el ardiente sol de Maspalomas. En cierto momento sonó mi teléfono y era Jose. Me escuchó con voz angustiada y me preguntó lo que estaba pasando. Le expliqué la situación y me tranquilizó diciéndome que el perro volvería pronto. Como los perros siempre vuelven a casa, le agradecí el aliento y colgué la llamada.

Me tranquilicé un poco y me dirigí hacia mi casa sin dejar de llamarla. Subiendo el último escalón, volvió a sonar el teléfono y cuando respondí era la clínica veterinaria, que me preguntó si yo era la dueña de Gaga. Inmediatamente respondí que sí y que estaba muy preocupada por dónde estaba. Di un gran suspiro de alivio, hasta que me dijo que podía estar tranquila y que no corriera, porque ya no era urgente. Gaga estaba muerta porque la habían atropellado.

Y sin decirme nada más me dijo el nombre de la clínica y literalmente me colgó. En ese momento una fuerte presión en mi pecho me hizo caer de rodillas y comencé a temblar y a escuchar otra vez en bucle en mi cabeza las últimas palabras del mensaje, rompiendo a llorar en un fuerte grito de impotencia:

—¡Me mataron a Gaga!

Ante mi grito, un vecino me levantó del suelo y me abrazó, llevándome hasta la puerta de mi casa. Mi compañero de piso abrió la puerta y me vio como nunca me había visto. Se asustó y me preguntó qué había pasado. El vecino le explicó que Gaga estaba muerta. Incrédulo, él también rompió a llorar. Le dije que parara y que me llevara al veterinario, porque yo sola no habría podido conducir. Tomamos un taxi y nos dirigimos hacia la clínica a recoger a Gaga. Al entrar, lo primero que me preguntaron fue si yo era la dueña. Una vez confirmé con la cabeza, me dejó entrar y me dijo que el perro estaba un poco gordo. Mientras tanto, abrí la puerta de la sala donde estaba Gaga tumbada en una mesa de acero y cubierta con una manta. Creo que ese fue uno de los momentos en los que el diablo salió de mis ojos. Mi compañero de piso percibió el peligro para la doctora y la invitó a salir antes de que hubiera sido demasiado tarde para ella. Y es que fue poco apropiado su comentario sobre el perro gordo, con muy poco tacto y empatía hacia a una persona que acababa de perder a su alma gemela, a su compañera de viaje, a su amigo fiel, a su perro.

Esa tarde fue muy larga. Traté de calentarla para devolverla a la vida, la acaricié y la besé. No podía creer que nunca más volvería a ver esa colita moviéndose a mi lado. Estuve a su lado durante aproximadamente una hora. Su cuerpecito peludo iba volviéndose más frío y rígido y yo trataba de frotarlo de nuevo, aún más fuerte, para calentarlo en un desesperado intento de revivirla. Al rato la veterinaria me invitó a salir de la sala y me preguntó, sin ninguna sensibilidad, si tenía pensado incinerarla, indicándome que, si estaba de acuerdo, valía trescientos cincuenta euros. Mi compañero se encargó de hablar con ella. Mientras tanto, salí a respirar, porque si me hubiera quedado dentro me habría aferrado a su cuello.

Volvió a sonar el teléfono. Era Jose. Me preguntó si Gaga había vuelto a casa. Un segundo de silencio y rompí a llorar nuevamente, anunciando la amarga noticia del fallecimiento de Gaga. Luego le dije que la veterinaria me quería cobrar trescientos cincuenta euros por incinerarla.

Me tranquilizó un poco y luego me dijo que en quince minutos estaría conmigo en la clínica y que no tendría que preocuparme, que le dijese a la veterinaria que la enterraríamos en su campo. Esos quince minutos nunca pasaban. Cuando su camioneta blanca estacionó frente a la clínica, a toda velocidad se bajó y me abrazó fuerte. Entró a la clínica sin preguntar dónde estaba Gaga, fue directo al cuarto donde dormía mi pequeña bola de pelo, la envolvió en una manta y me dijo que me subiera al coche, porque nos íbamos de ese estúpido veterinario. Y así lo hicimos. Rápidamente me despedí de mi compañero y nos dirigimos hacia las altas montañas de la isla.

Llegamos a un hermoso lugar en la ladera de la montaña. Hacía un hermoso día y había una vista magnífica de toda la playa del Inglés, con sus dunas y el mar al fondo. Abrió el camión, sacó un pico y en silencio, sin hablar, comenzó a cavar bajo el sol abrasador. Solo se escuchaba el sonido del pico rebotando en las duras piedras, rodeados por un silencio abismal.

Mientras tanto, yo estaba sentada en la camioneta y seguía llorando. Lo miré y estaba todo sudoroso. Lo vi cavar con fuerza y me pregunté quién había enviado a ese ángel. Me preguntaba qué hombre haría eso por mí, dejar su trabajo muy lejos para venir a enterrar a un perro, el perro de una chica a la que acababa de conocer el día anterior. En ese momento me pidió que le pasara la botella de agua porque se estaba muriendo de sed. Me acerqué a él y por un momento me quedé mirando sus ojos, que estaban llenos de lágrimas. Otro silencio entre nosotros y luego nada. Un fuerte abrazo y con un murmullo tomó a Gaga en sus brazos.

—¡Desde aquí podrás ver tu casa! Y tú, mirando hacia aquí, ¡podrás verla desde tu balcón cuando quieras!

Había llegado el momento de dejarla volar. La colocó suavemente en el hoyo cavado, la cubrió con piedras y arena y la enterró. Y yo quedé petrificada, inmóvil, mirándolo, incapaz de reaccionar y moverme, solo grabando en mi mente aquel momento, que no se repetiría jamás en mi vida. Cuando terminó, me invitó a sentarme a su lado y comenzamos a orar juntos. Le agradecí a Gaga por todo el amor que me había dado durante el tiempo que compartió mi vida. Él me dijo que no me preocupara, porque Gaga siempre estaría conmigo, a mi lado, y que me miraría desde arriba, desde lo alto de los cielos.

—Su cuerpo está aquí, pero su alma siempre estará contigo.

Lentamente nos dirigimos hacia la camioneta, porque ya el sol se estaba poniendo, y empezamos a bajar hacia la playa, hacia mi casa, con una gran amargura en la boca, pero también con alivio por sus hermosas palabras de consuelo.

De camino a casa, de vez en cuando yo volteaba mi cabeza hacia él para observarlo. Estaba todo sucio de tierra y en ese momento me enamoré de él. Fue el momento exacto en el que comencé a sentir un amor fuerte hacia él. Llegamos frente a mi casa, pero no pude quedarme allí, porque la falta de Gaga esperándome y moviendo su cola había dejado un vacío demasiado grande en la casa. Jose entendió de inmediato y me invitó a quedarme con él al menos esa noche, para no estar sola en casa, así que acepté y nos dirigimos al norte de la isla, hacia Ingenio.

Era una casa grande, con dos perros gigantes y dos gatos que me recibieron alegremente y el patio lleno de tarimas de madera a medio pintar. Me invitó a ayudarle a completar el trabajo, más que nada para mantener mi cerebro ocupado. Me dio un pincel y entre mis lágrimas y sus sonrisas llegó la noche. Sin darme cuenta, ya había preparado una paella de pescado para mí, que no como carne. Ese hombre me sorprendió mucho, porque hasta ese momento nadie había hecho tanto por mí en tan poco tiempo, en apenas dos días. Sucios de pintura, los dos nos lavamos las manos y nos sentamos a cenar esa rica paella para chuparse los dedos; pero no fue así, ya que la pintura que nos quedó en las manos no se iba, así que nos contentamos con rebañar el plato. Además, me sirvió una rica botella de vino blanco semidulce.

Me invitó después a café, disculpándose porque no era café italiano, y luego me ofreció poder darme una ducha, ya que estaba cubierta de manchas de pintura de pies a cabeza. Me regaló una de sus camisetas y me invitó a pasar la noche con él. Podéis imaginar la situación, así que intentaré describir un poco el entorno. Una canción de Phil Collins sonaba suavemente de fondo mientras el olor a lavanda limpia y canela rodeaba la habitación y las velas con luz cálida bailaban suavemente. Me sentí en un ambiente seguro y reconfortante. Un fuerte abrazo, caí en sus brazos y fue allí donde se produjo el segundo beso apasionado, el real y verdadero.

Los cuerpos comenzaban a calentarse demasiado, las mantas ya no eran necesarias, pero...

Entonces le pedí que parara, no me sentía preparada. Había tantas emociones juntas en tan poco tiempo... Simplemente, era demasiado. Él lo entendió y aceptó de buen grado, así que dormimos abrazados toda la noche.

A la mañana siguiente, un dulce canto de pájaros y el ruido de alguien en la cocina me despertaron; ruido de cacerolas y tazas y un olor a café y pan tostado por toda la casa. Se abrió la puerta y él, con una gran sonrisa y una bandeja de madera en sus manos, me trajo el desayuno diciendo:

—¿Dormiste bien, princesa? Se me ocurrió prepararte una cosita de comer. Zumo de naranja, un buen café no italiano, dos sándwiches, galletas de chocolate y luego pan, mantequilla y mermelada. Espero que sea suficiente.

Le pregunté si había otras personas en la casa, considerando toda aquella comida, tan abundante que podría haber alimentado a todo un ejército. Desayunamos juntos en la cama y le recordé que tenía que ir a casa a hacer la maleta para Tailandia, así que nos vestimos y me acompañó a casa. Cuando bajamos del coche, nos saludamos con dos besos como dos amigos. Me preguntó si quería pasar la noche en su casa, ya que mi vuelo saldría a las cuatro de la madrugada y, como él vivía cerca del aeropuerto, sería mucho más fácil para mí. Como vivía en el sur, le dije que estaba bien. Entré a mi casa y apenas abrí la puerta me invadió un gran sentimiento de tristeza. Buscaba desesperadamente a mi bolita de pelo, la cual ya no estaba.

No podía quedarme en esa casa sin ella. Cuanto más pasaba el tiempo, más me asfixiaba. Quitar sus cosas (su recipiente para comer, su perrera de al lado de mi cama, su correa, su juguete de piel) era lo más difícil. Rápidamente empaqué la maleta y salí corriendo de ese lugar. Su ausencia causaba un dolor infinito en mi corazón. El único recuerdo que venía a mi mente era el de todas las veces que estaba haciendo mi maleta y Gaga metiéndose dentro, esperando el momento para salir hacia el aeropuerto, pero esta vez ella no estaba en esa maleta.

Tomé un par de vestidos, mi pasaporte y llamé a Jose, pidiéndole que pasara a recogerme de inmediato. Tardó cinco minutos. Me despedí de mi compañero de piso, bajé corriendo las escaleras, me subí a la furgoneta blanca destartalada y le pedí a Jose que acelerara lo más rápido posible, que se alejara de ese lugar. Una vez en el camino hacia el norte, abrí mis manos, que sostenían su peluche, Pippo, un pequeño hipopótamo que me llevaría conmigo a Tailandia. Porque Gaga lo amaba; su Pippo siempre viajaba con nosotras y nunca lo dejaba ni para dormir. Pippo era su compañero de viaje y ella era mi compañera de vida.

Llegaron las tres de la madrugada y, como estaba previsto, Jose me acompañó al aeropuerto, pidiéndome el teléfono de mi madre, porque quería estar informado de cómo había ido la operación. Me despedí de él con un fuerte abrazo y dos besos en sus mejillas. Le agradecí todo lo que había hecho por mí y, con cara de sueño, entré al control policial entre pasajeros para comenzar aquella nueva aventura que tantos años había esperado mientras una voz de fondo anunciaba:

—Vuelo número 3451 de Emirates con destino Bangkok, embarque urgente, puerta C10.

—¡Voooy!

Las operaciones vendrán en un apartado después del «Menú *body*», porque necesitan un capítulo solo para ellas.

MENÚ *BODY*

Y como escribí antes, aquí está el «Menú *Body*». Está especialmente diseñado para la degustación real de aquellas personas que dicen que la transición es simplemente un capricho. Os aseguro que no habría gastado tiempo, sufrimientos, esfuerzos, sacrificios y todo este dinero por un simple capricho.

Entrantes

Pecho: Tres mil euros. Me fui a operar sola (supuestamente tenía un novio, que mandé a volar claramente fuera de mi vida). Salí del hospital con dos bolsas de líquido bajo los brazos y cogí un bus desde Las Palmas a Maspalomas. Recuperación: seis meses. Dolor las dos primeras semanas.

Liposucción: Dos mil euros, y no me pude mover. Estaba con faja todo el día y casi no podía levantarme de la cama los primeros quince días. Recuperación total: seis meses. Dolor mortal y llena de moratones. Y luego cuidarse, deporte y buena alimentación.

Primer plato

Bolsas de Bichat: Mil euros. Barato viendo lo que llevo, pero suma y sigue. Duración: una hora. Recuperación: dos días. Dolor casi nulo. Me lo realicé en Las Palmas.

Feminización facial: Diez mil euros. Amberes (Bélgica). Rotura de mandíbula, *lip lift* y electrolisis para quitar la barba permanente, tres sesiones de ocho horas cada una con morfina. Esta para mí ha sido la peor operación de todas, la más dolorosa. Se me hinchó toda la cara y no podía abrir los ojos, moratones en toda la cara como un mapache. Recuperación total: creo que tres o cuatro años. Dolor nivel «Dios».

Segundo plato

Papada: Mil euros. Las Palmas. Duración: una hora. Dolor muy suave, moratones leves y recuperación rápida.

Implante capilar: Dos mil euros. Estambul (Turquía). Duración: ocho horas. Dolor aguantable. Recuperación: seis meses.

Rinoplastia: Mil euros porque la hicimos pasar con el doctor, como si fuese una desviación del septo nasal; si no, habría costado tres mil euros. Además, tuve que hacerla una segunda vez porque me la hice mal en la Seguridad Social. Mucho dolor, muchos moratones y una recuperación total de seis meses. Italia.

Postre

<u>Reasignación de sexo</u>: Doce mil euros, más mil entre aloja-
miento y vuelo. Bangkok (Tailandia). Duración: ocho horas. Recuperación principal en la clínica: un mes. Después, otros seis meses.
Nivel de dolor: muy poco, y solo durante la primera semana.

Estas son digamos las básicas, sin contar otros ingredientes
como pómulos, el ácido hialurónico o el bótox. Además, se pueden añadir las diferentes visitas al centro de estética, tatuaje de
las cejas, uñas cada mes, pestañas, todo el maquillaje, perfumes,
zapatos, láser por todo el cuerpo, peluquería... Y podría seguir.

Y si eres un hombre, simplemente con un par de cholas, una
camiseta y un pantaloncito, listo.

Seguramente podrás sumar todas las operaciones, para tu curiosidad, y quizás entender lo que hay que ahorrar con un empleo
normal y el duro trabajo que hay detrás para ahorrar y hacer que
esta transición se haga lo más rápido posible, porque no hay que
olvidar que para una persona que esté pasando por este proceso
los días son muy duros.

Honestamente, todas las operaciones son dolorosas, pero hay
una que las supera todas, un dolor ante el que realmente no se
puede hacer nada ni los medicamentos pueden aliviarlo. ¿Sabes
cuál es? La estupidez de los que juzgan sin saber ni entender; los
que, sin haber pasado por una de estas operaciones, se permiten
dar su opinión sin saber lo que hay detrás o sin conocer por lo que
pasa una persona.

Este es para mí el dolor más grande, porque, aunque te re-
cuperes de las dolorosas operaciones, siempre está allí el dolor

que la gente, familiares o supuestos amigos te provocan con sus comentarios. Solo cuando aprendan a dejar de vivir la vida de los demás y se ocupen de ellos mismos y de su felicidad, quizás este dolor que provocan a los demás se acabe, porque verán que tienen mucho trabajo en su casa. Y si tú, querido lector, eres una de estas personas a las que les duele el alma por culpa de los demás, aprende a lograr que todo te resbale e invítalos a que se pongan en tus zapatos y hagan tu recorrido, porque, no lo olvides, eres un@ valiente.

BANGKOK: EL EFECTO MARIPOSA

RENACER EN BANGKOK

En el corazón vibrante de Bangkok, donde la modernidad se entrelaza con la tradición, se encuentra una de las clínicas más reconocidas del mundo para la cirugía de reasignación de sexo. Este capítulo narra la historia de Kayla, una joven que ha decidido dar el paso hacia su verdadera identidad como mujer, y las emociones y procedimientos que acompañan su viaje.

EL VIAJE A BANGKOK

Tras despedirme de Jose en el aeropuerto y coger un vuelo de trece horas que me llevaría Bangkok con mi madre, en el avión mis pensamientos eran un torbellino. ¿Había tomado la decisión correcta? ¿Cómo sería mi vida después de la operación?

Al aterrizar, un conductor de la clínica estaba esperándonos para llevarnos al que sería mi hogar durante varias semanas. Llegué a Bangkok con una mezcla de nerviosismo y esperanza. Había investigado durante años sobre la cirugía y había elegido esta ciudad por su reputación en el campo.

La consulta preoperatoria

Al llegar a la clínica, fui recibida por un equipo de profesionales que me explicaron el procedimiento en detalle. La consulta incluyó exámenes médicos exhaustivos y una charla sobre las expectativas y posibles complicaciones. Me preguntaron dos veces si estaba convencida de la operación y si estaba al corriente de los riesgos y de que no se podía volver atrás. También apareció un abogado. A todos y en todo momento confirmé que sí estaba al corriente y más que informada.

Sentí una mezcla de alivio y ansiedad; finalmente, estaba en el lugar donde podría comenzar a vivir auténticamente. Recuerdo que bromeé con el doctor y le dije que con lo que sobrara podía hacer un llavero.

Preparativos para la cirugía

Los días previos a la operación fueron intensos. Me sometí a sesiones de terapia para prepararme emocionalmente. Las emociones fluctuaban entre la euforia y el miedo. La idea de dejar atrás mi vida anterior era liberadora, pero también aterradora. En las noches me encontraba reflexionando sobre mi identidad y el futuro que me esperaba.

El día de la cirugía

El día de la cirugía llegó. Me desperté temprano, sintiendo una mezcla de adrenalina y nervios. En el camino hacia el quirófano me encontré con otros pacientes que compartían historias similares. La camaradería en ese momento fue reconfortante. Recuerdo que antes de la operación llevábamos pantalones tradicionales tailandeses.

Al entrar al quirófano, sentí una oleada de determinación; estaba lista para dar el paso más importante de mi vida. Aquí me volvieron a preguntar si estaba segura, porque sería irreversible. Les dije que sí con todo el convencimiento que pude transmitir y la anestesia hizo su efecto.

El procedimiento quirúrgico

La cirugía en sí fue un proceso complejo que duró varias horas; para ser exacta, ocho horas. Los cirujanos, expertos en su campo, trabajaron con precisión. Me desperté en la habitación del hospital, envuelta en una mezcla de confusión y claridad. La anestesia se desvanecía lentamente y con cada parpadeo la realidad comenzaba a tomar forma. Miré a mi alrededor, reconociendo el suave murmullo de las máquinas y el olor a desinfectante que impregnaba el aire. Pero lo que realmente capturó mi atención fue la sensación en mi cuerpo, una sensación que había anhelado durante tanto tiempo.

Mi madre estaba sentada sobre un sofá, llorando, sin darse cuenta de que yo estaba despierta, cuando de repente la asusté con un grito y empecé a reír. Se me acercó asustada mientras yo seguía riendo y me dio una hostia, diría que merecida. Luego me abrazó con lágrimas en los ojos. Fue un momento muy emotivo y de vínculo entre madre e hija. Todo había salido bien, yo diría que más que bien.

Al tocar mi piel, una oleada de emociones me invadió. Era como si cada célula de mi ser estuviera despertando a una nueva realidad. Sentí una mezcla de alivio y euforia; finalmente, mi cuerpo reflejaba la identidad que siempre había llevado en mi corazón. Las lágrimas comenzaron a brotar de nuevo, no de tristeza, sino de una profunda felicidad. Era un llanto de liberación, un grito silencioso de gratitud por haber podido dar ese paso tan significativo.

Mientras me recuperaba, pensé en el largo camino que me había llevado hasta allí. Recordé las luchas, el dolor y la incertidumbre a los que me había enfrentado a lo largo de los años. Pero ahora todo eso parecía desvanecerse en comparación con la alegría que sentía. Era como si hubiera renacido, como si cada parte de mi ser estuviera finalmente en armonía.

Cuando me miré en el espejo por primera vez, sentí una conexión profunda con la imagen que reflejaba. La sonrisa que se dibujó en mi rostro era una mezcla de orgullo y alivio. Yo sabía que aún había un camino por recorrer, pero en ese momento me permití disfrutar de mi nueva realidad. Era libre, auténtica y, por fin, yo misma.

Mi emoción era palpable, una mezcla de esperanza y determinación. Sabía que había desafíos por delante, pero estaba lista para enfrentarlos. Con cada día que pasaba, mi confianza crecía, y con ella la certeza de que había tomado la decisión correcta.

Estaba lista para abrazar mi nueva vida con los brazos abiertos, dispuesta a vivir plenamente como la mujer que siempre he sido. Cuando salí del quirófano me habían puesto una falda tradicional tailandesa.

EL PROCEDIMIENTO

La cirugía de reasignación de sexo de hombre a mujer es un procedimiento complejo que requiere una preparación meticulosa y un equipo médico altamente cualificado. El primer paso fue la consulta inicial con el cirujano. Allí discutimos nuestras expectativas, las posibles complicaciones y el proceso de recuperación. Aunque me sentía nerviosa, la calidez y la profesionalidad del equipo médico me tranquilizaron.

La cirugía en sí misma, conocida como vaginoplastia, duró alrededor de seis horas. Implicó la creación de una neovagina utilizando los tejidos del pene y el escroto. Los cirujanos en Bangkok son famosos por su habilidad para conservar la sensibilidad nerviosa, lo que garantiza que la persona que se somete a la operación pueda experimentar placer sexual en su nueva identidad. Además, se realizaron otros procedimientos estéticos para feminizar aún más mi cuerpo, como una cirugía facial para suavizar mis rasgos.

El día que me quitaron el vendaje, estaba el doctor con nueve enfermeros a los pies de la cama. Mi madre se encontraba a la derecha, un poco más atrás. Yo estaba supercontenta porque iba por fin a ver mi «conejito». Empezaron a retirar los vendajes y una gasa y otra hasta que el doctor se puso una luz en la frente como si fuera a entrar en una cueva. Todos los enfermeros estaban mirando atentamente entre mis piernas; me hicieron sentir un poco observada, pero supongo que este momento tenía que pasar. Así que, sin perder mi humor, hablaba con mi madre y le decía que les iba a cobrar, porque parecía que estaban en el cine viendo el último estreno de Hollywood. Mi madre seguía diciéndome que me callara y que les dejara trabajar tranquilos, porque es cierto que mis comentarios les hacían reír.

Empezaron a tirar de la última gasa. Puedo asegurar que tiraban y tiraban y salían metros de gasa. Yo hacía de fondo el sonido musical del mago, como cuando saca del gorro el conejo, y la música del circo. Todos los médicos y enfermeros se morían literalmente de risa y al final mi madre también empezó a reír. Aquel momento era un circo y yo no entendía de dónde salían tantas gasas. Le pregunté al doctor y me dijo que eran tres metros, más o menos. Miré a mi madre y le dije:

—Ya sé dónde esconder la chaqueta por si hace fresco. —Todos rieron y se marcharon saludándome.

La primera semana, tengo que ser honesta, fue un poco difícil, pero estaba muy feliz. Había trabajado tan duro para finalmente poder ser por fuera lo que era por dentro que todo mereció la pena.

LAS DIFICULTADES

A pesar del éxito de la cirugía, el proceso de recuperación fue desafiante. Tuve que enfrentarme al dolor posoperatorio, la hinchazón y la incomodidad general. También tuve que aprender a cuidar mi nuevo cuerpo, lo que incluyó un riguroso régimen de dilatación vaginal para mantener la profundidad y la forma de la neovagina. Se supone que son unos veintiocho días en cama, pero yo al quinto ya estaba desesperada de estar tumbada.

Durante todos estos días tuve que realizar ejercicios de dilatación. Menos mal que el yoga también me ayudó mucho a la recuperación. Además del dolor físico, tuve que luchar con una montaña rusa emocional. Durante los primeros días experimenté una mezcla de euforia por haberme acercado a mi verdadero yo y miedo por el futuro. ¿Sería aceptada por la sociedad? ¿Cómo me verían mis amigos y familiares? Estas preguntas me atormentaban en los momentos más oscuros de la recuperación. Sin embargo, el personal del hospital y otros pacientes que habían pasado por el mismo proceso me apoyaron enormemente, recordándome que no estaba sola en este viaje.

LA VIDA EN EL HOSPITAL

Durante las semanas de recuperación en el hospital no estaba sola. Aparte de mi mamá, cuando bajaba a comer o a tomar un poco el aire en el patio coincidía con todas las pacientes. Éramos unas veintiséis chicas de todo el mundo, desde Arabia Saudí a Japón o Israel. Es raro, pero la camarería surge rápidamente y todas nos hicimos buenas amigas en muy poco tiempo. Es cierto que como hablo castellano, italiano, inglés y algo de alemán era la traductora del grupo, lo cual me facilitó mucho poder intimar con todas ellas. Además, mi mamá se integró desde el primer momento y las adoptó. Era esa figura maternal que todos necesitamos en los momentos duros y no dudó en ofrecer su mano y su corazón a todas.

Era muy triste ver sufrir a muchas de ellas, no por la operación, sino por el dolor de pasar por aquella cirugía solas, sin casi poder moverse o levantarse y sin tener a alguien que les ayudase y consolase en los momentos jodidos. Mi madre y yo íbamos dando vueltas por todos los cuartos de las chicas, haciendo visitas y asegurándonos de que estaban bien no solo físicamente, sino moralmente positivas, que era lo más difícil. Cada una tenía una historia increíble, muchas de sufrimiento, rechazo y alguna pegada a la muerte, con sus marcas en el cuerpo. Me siento superafortunada por haber conseguido llevar a mi madre conmigo, porque sin ella, que me desinfectaba todo el cuerpo con alcohol y me daba su aliento día y noche, no sé yo qué hubiera podido hacer.

Aún recuerdo a una chica japonesa que lo pasó realmente mal. Estuvo ingresada casi un mes. No conseguía levantarse y tenía muchísimos dolores. Lo único que quería era dormir y estaba drogada con morfina. Realmente lo pasamos mal por ello y por su sufrimiento. Pero al final, con su propia fuerza y la que todas le intentábamos insuflar, superó todas las adversidades.

El renacer de un fénix

A medida que las semanas pasaban y mi cuerpo sanaba, también lo hacía mi espíritu. Cada día me sentía más en sintonía conmigo misma, como si finalmente hubiera encontrado mi lugar en el mundo. La antigua identidad de «F» se desvanecía por completo, como el humo, y en su lugar emergió Kayla, una mujer fuerte y valiente que había atravesado el fuego de la transformación y había resurgido más poderosa que nunca.

El mito del fénix, que resurge de sus cenizas, resonaba profundamente en mí. Había renacido de las cenizas de mi antiguo yo, transformada no solo en cuerpo, sino también en alma. Sentía una paz interior que nunca había experimentado, una certeza de que estaba viviendo mi verdad.

PLANES FUTUROS

Con mi renacimiento físico y emocional completo, comencé a planear mi futuro con una renovada confianza. Sabía que el camino no sería fácil, pero ahora tenía la fortaleza para enfrentarlo. Decidí que mi primera misión sería abogar por los derechos de las personas transgénero en su comunidad. Quería compartir mi historia, educar a otros y ayudar a aquellos que, como yo, estaban atrapados en cuerpos que no les pertenecían.

También soñaba con encontrar el amor, formar una familia y vivir una vida plena y auténtica. Imaginaba un futuro en el que pudiera caminar por las calles sin temor a ser juzgada, donde pudiera ser simplemente yo misma, sin las cadenas del pasado. Aunque aún había obstáculos que superar, estaba determinada a no dejar que nada me detuviera.

La historia de Kayla, mi historia, es una poderosa narrativa de transformación y renacimiento. Lo que comenzó como una lucha interna y un viaje hacia lo desconocido terminó en una celebración de la vida y la identidad. En Bangkok, una ciudad vibrante y llena de contrastes, encontré no solo la cirugía que cambiaría mi cuerpo, sino también el valor para abrazar mi verdadero yo.

Este capítulo de mi vida es solo el comienzo. Sé que habrá desafíos, pero también estoy segura de que puedo enfrentarlos con la misma valentía que me llevó a Bangkok. Para mí, la vida después de la cirugía no es solo una continuación, sino un nuevo comienzo. Y, como el fénix, he renacido de mis cenizas, lista para volar hacia un futuro lleno de esperanza y posibilidades.

Carta de mi Mamá para alguien allí arriba (los ángeles) durante la estancia en el Bangkok Hospital Kamol

No hace mucho, en casa de mi madre, rebuscando una cosa en un cajón encontré esta carta. No sabía que mi mamá había estado escribiendo durante la operación y me emocioné tanto con lo que leí que quiero compartirlo con vosotros, sobre todo con los padres y madres que os podáis encontrar en esta transición.

Un viaje hacia la verdad interior

El sol se filtraba suavemente a través de las cortinas de la pequeña habitación de un hospital en Bangkok (Tailandia), proyectando un tenue resplandor sobre el rostro de Kayla. Acababa de despertar después de una larga cirugía, un procedimiento que no solo cambiaría su cuerpo, sino también su vida entera. Desde pequeña, Kayla supo que había nacido en un cuerpo que no coincidía con su identidad, pero hoy, después de años de lucha interna y de enfrentar el juicio del mundo exterior, estaba a punto de renacer.

Kayla había llegado a Tailandia con una mezcla de esperanza, miedo y determinación. Había pasado años investigando, ahorrando y preparándose para este momento. Sabía que Bangkok era conocido como un destino líder para las cirugías de reasignación de sexo, con médicos que habían perfeccionado la técnica a lo largo de décadas. Pero, aun así, el viaje no había sido fácil.

GARBANCITO (ALIAS JOSE)

Y diréis: «¿Dónde está Jose?». Pues hablaba con él casi todos los días. Yo me levantaba a las siete de la mañana y él a la una y media de la madrugada para poder hacer una videollamada.

Una tarde, mientras estaba en el jardín de nuestra residencia con las otras chicas, recibí una videollamada de Jose. En un momento dado de la conversación, me preguntó:

—¿Te gustaría ser mi novia?

Me quedé congelada por un momento. Conté hasta diez y pedí la opinión a todas las chicas sentadas, que asintieron con la cabeza. Lo miré con atención en la pantalla del teléfono y respondí:

—¡Sí!

En ese momento todas se pusieron de pie y empezaron a celebrar. Fue muy divertido, todas dando saltos, gritando, riendo de alegría e incluso alguna con una lagrimita. Tras un mes en la residencia con las otras chicas, de las que guardo un gran recuerdo por cada historia dura que conocí y escuché, verdaderas luchadoras, habíamos creado una pequeña familia de amor y fraternidad a la que se unió mi *mamma,* que las cuidó como si fueran sus hijas. Las alegrías de cada una eran compartidas y celebradas por todas como si hubiéramos ganado la medalla de oro.

Llegó el día de regresar a Canarias. Cuando aterricé, le vi en la puerta de llegadas. Vino a buscarme al aeropuerto con una rosa. Tras un fuerte abrazo y un beso, me dijo:

—Coge todas tus cosas y ven a mi casa. —Y desde ese día nunca más nos separamos. Comenzó nuestra gran historia de amor.

Al poco tiempo de estar juntos llegó el COVID. Le dije que así podríamos pasar el tiempo juntos, encerrados en la casa. Solo había dos maneras de terminar: o romperíamos o nos casaríamos. Y pasamos dos años encerrados, entre renovaciones de la casa, obras, cocina tradicional y juegos, hasta que por fin terminó el periodo de la pandemia. Sinceramente, aunque fue una época muy dura, nunca esperé que fuera un periodo tan hermoso en nuestras vidas. Nos unió más.

Decidimos ir a Italia a conocer a mis familiares. Después de un almuerzo en casa con mi familia y cincuenta y ocho primos, Jose se giró hacia mí y me dijo:

—¿Podrías, por favor, traducir lo que voy a decir?

Comencé a traducir y me dijo que quería agradecerles a todos por recibirnos y que los esperábamos el 5 de noviembre para nuestra boda. No entendí y, sorprendida, me giré hacia él y lo vi de rodillas, con una pequeña cajita roja con un anillo en su interior. Fue cuando me preguntó si quería casarme con él. Por supuesto, comencé a llorar. Todos empezaron a aplaudir, nos besamos y ahí comenzó nuestro viaje hacia el matrimonio.

Celebramos nuestra boda en el sur de Gran Canaria; en playa del Inglés, para ser más exactos. Todos nuestros invitados iban vestidos de griegos, romanos e incluso espartanos. Fue una boda inolvidable y muy emotiva, la gente estaba muy feliz y fue uno de los días de mi vida que claramente nunca podré olvidar. Siguiente capítulo: ampliar nuestra familia adoptando a un pequeño.

TATTOO

El tatuaje, el arte de escribir y pintar la piel, es una técnica centenaria. Los más famosos fueron los indios americanos y los maoríes.

El arte del tatuaje siempre me ha fascinado. El tinte entra en el pigmento a través de una aguja y permanece ahí hasta el final de nuestros días. Siempre me han preguntado el significado de todos mis tatuajes, así que mencionaré algunos de ellos. Porque los tatuajes casi siempre tienen un significado; siempre se comienza con uno pequeño, que significa mucho para uno mismo y tiene su significado, y luego se sigue, uno tras otro, durante el viaje de la vida. Dicen que los tatuajes tienen que ser impares, pero nunca me importó, porque perdí la cuenta hace mucho tiempo. Para mí el cuerpo es como el lienzo de un pintor, una obra de arte, y se va pintando con el tiempo con varios tatuajes, cada uno con su significado. Un relato de mi vida.

Mi primer tatuaje fue en la parte baja de la espalda y fue un simple tribal. Se llamaban así en mi época y estaban muy de moda. ¿Qué significa? Nada, absolutamente nada, pero quizás para mí, al ser el primero, representaba rebeldía, la libertad de expresarme. Hacerme mi primer tatuaje fue un golpe de efecto. Aún recuerdo cuando entré a la sala, estaba siendo muy valiente. El tatuador me preguntó si era mi primer tatuaje y le dije que sí. Me aconsejó que me relajara y me dijo que no me preocupara, porque sería muy fácil y nada doloroso. Claramente, era una técnica de manipulación mental, pero os aseguro que ineficaz, porque no consiguió que me tranquilizara.

Luego desinfectó el área a tatuar, encendió la máquina y, con un zumbido ensordecedor como de abejas resonando en mis oídos, comenzó el martilleo. Un gran escalofrío recorrió mi cuerpo cuando la aguja entró por primera vez en la piel, dibujando las primeras líneas. Fue soportable, así que seguí tranquilamente, pero a los cinco minutos, cuando empezó a tatuar en la columna vertebral, las piernas se movieron y temblaron solas y el dolor era insoportable. Lo más esperado de ese momento fue el «ya terminé», acompañado de un líquido frío que limpiaba el exceso de tinta en la piel y un suave masaje con vaselina. Como si fuera yo una ensalada, me envolvió con papel film. Luego, con una sonrisa de satisfacción, me pasó un espejo y me invitó a ver su obra de arte. Cuando de repente me levanté, la cabeza empezó a dar vueltas. Eché un vistazo y, satisfecha, salí del estudio del tatuador. Con toda la camiseta manchada de vaselina, sangre y tinta, pero satisfecha.

En poco tiempo, cómo es la cabeza, me olvidé del dolor de la máquina en mi piel la primera vez, así que me volví a tatuar, esta vez en la espalda. En este caso, el tatuaje, con letras grandes, fue la palabra «Ángel», dedicada a mi ángel de la guarda. Justo donde deberían estar las alas pusimos dos grandes lirios en el pecho, representando a mis dos sobrinos, y una gran rosa barroca, que representa a mi madre. Tengo un tatuaje *up down,* que de un lado dice: «*I am fine*» (estoy bien), mientras que si lo lees al revés dice: «*Save me*» (sálvame). Lo utilizaba mucho con mi amiga Bella, cuando salíamos con chicos. Si el chico estaba bien, me tocaba el tatuaje en el lado de *«I am fine»* y ella entendía desde la distancia. Si no me gustaba el chico o si no sabía cómo quitármelo de encima, ponía el brazo boca abajo y sonreía mientras me lo acariciaba en la parte de *«Save me»,* y ella aparecía rápidamente con cualquier excusa y me sacaba de aquella situación, dejando al chico plantado.

Mi tatuaje favorito está en el antebrazo: *«Life is a cabaret»* (la vida es un cabaret), la famosa frase de una canción de Liza Minnelli en el musical de cabaret *Fosse,* porque mi vida ha sido siempre y es un escenario donde toda la gente actúa, y este escenario es el mundo. Todos quieren aparentar algo que no son, actuando como un actor. Ahora es mucho más fácil verlo en las redes sociales, donde las personas se crean una realidad que no existe.

En la vida conocemos muchos tipos de personas. Cada uno se vende como le gustaría que los demás lo vieran. Existe un montón de gente falsa que actúa en la vida como si fueran otras personas, siempre buscando la aprobación del público y el aplauso, la aprobación y los halagos de la gente que los rodea. En fin... ¡La vida es un cabaret! La vida es como un gran guion de cine o de teatro, con todas sus partes. Como en una obra de teatro, con un comienzo (el nacimiento); el camino principal y la niñez (el crecimiento); el primer periodo difícil (la juventud); la pausa o descanso, que sería el momento de la reflexión; el cambio, que es el renacimiento; y luego el final de la obra, la muerte. Siempre el mismo patrón.

Sigamos entonces. Tengo una pequeña cruz en mi mano izquierda, la cual representa mis orígenes religiosos, aunque realmente es mucho más, son dos líneas de vida que se cruzan, las cuales representan la mía y la de Jose.

Continuamos. Luego, siempre en mi mano izquierda, tengo tatuados tres signos musicales, un *play,* un *stop* y un *pause.* La mano izquierda era la que siempre usaba en la cabina de música cuando trabajaba como técnico de audio, mientras que la derecha era la que utilizaba para las luces en el teatro. Estos tres elementos han sido parte de mi vida, siempre me han acompañado desde niña. Además, en los dedos tengo tatuados pequeños signos pre-históricos guanches. Los guanches fueron los primeros habitantes prehistóricos de la civilización que pobló las ahora llamadas islas Canarias.

En el interior de mi brazo izquierdo, justo al lado del corazón, tengo tatuado el nombre de mi madre en élfico. En el costado de la muñeca izquierda hay dos peces en estilo geométrico, uno blanco y otro negro, persiguiéndose en un círculo, como el yin y el yang, lo positivo y lo negativo encontrando el equilibrio. Seguimos con una Q de corazones en el centro, que representa la carta de la reina de corazones. A vosotros os dejo la interpretación.

Justo en el centro del pecho, debajo, un gran mandala indio. No tiene un significado específico, pero me gustó mucho y me lo tatué.

En la nalga derecha hay una estrella. Era la parte donde mi padre nos pegaba cuando nos portábamos mal.

Debajo de la muñeca derecha, un pequeño hongo de Mario Bros, Life Up, representa para mí la suerte que tuve de poder vivir una vida más, una segunda oportunidad, una segunda vida.

En mi brazo derecho, en grande, hay una cara de medio león partida por la mitad. Representa el lado de las personas o la apariencia, lo que al principio vemos de una persona, pero que, colocando un espejo justo en el centro, refleja la cara entera del león, sin saber si es Scarf o Mufasa, de *El rey león,* es decir, buena o mala persona. Siempre en mi brazo derecho, no podía faltar mi moka o cafetera con su respectivo hombre. «Bialetti» representa para mí la pasión y adicción al café.

En la pierna derecha tengo un ciervo grande para que nunca olvide a las personas que amé y que intentaron apuñalarme por la espalda sin ningún éxito. Bueno, sí, ellos también son parte de este planeta. Estoy hablando de los narcisistas. En mi pie tengo tatuada una pequeña palmera («Me doblo, pero no rompo») y en el otro pie, un diamante, que representa mi personalidad: fuerte, afilada, indestructible, brillante, peligrosa, difícil de encontrar. Detrás de mi cuello, una corona de la monarquía española para recordar a los que están detrás de mí que soy una reina.

Seguimos con Timón. Amo a Timón, el personaje que interpreté en Disneyland París por un tiempo. Me encanta su forma de hacer las cosas, es desenfadado y dramático. Su tatuaje está acompañado de un escrito: «Hakuna Matata», es decir, vivir sin preocupaciones.

En el lado opuesto del hombro tengo una cara grande del Buda de cabeza azul, para reflejar el interior y recordar ser y buscar la bondad en mí, despertar al Buda haciendo el bien y ayudando a los necesitados. Luego, una bella silueta de un «avión» que no necesita aclaración.

En todo mi lado izquierdo tengo dos versículos de la Biblia. En el lado derecho, en la cintura, un ser extraño o anime, con el que siempre soñé cuando era niño y que me hacía divertirme en mis sueños. Luego, con el tiempo, descubrí que era mi interior.

Una gran carpa koi en el muslo lateral derecho, llena de una decoración del suelo de una iglesia turca. En el lado izquierdo, una bailarina con muchas mariposas saliendo de su pecho representa la explosión y el inicio de mi transición, mientras que las tres grandes mariposas en el brazo izquierdo ya representan mi vida actual, después del proceso de crisálida.

Pero mi tatuaje más importante son, sin duda, mis cejas.

LA GRAN ODISEA... BUROCRÁTICA

➴

EL DRAMA DE LOS PAPELES
O CÓMO UN NOMBRE PUEDE VOLVERTE LOCA

Si me hubieran dicho que cambiar mi nombre legalmente sería más complicado que descubrir mi identidad como mujer trans, probablemente me habría reído en su cara. Pero aquí estamos, después de haber atravesado la jungla burocrática más densa y temible que jamás haya existido. Si alguna vez pensaste que enfrentarte a un dragón sería difícil, déjame decirte que no has vivido hasta que te has enfrentado a la administración pública.

Todo comenzó con la decisión de cambiar mi nombre y género en mi documento de identidad. Hasta entonces había sido «F» en todos los documentos oficiales, lo que era irónico, ya que la única persona que seguía llamándome así era la oficial de migraciones en el aeropuerto. Claro, todo el mundo ama una buena historia de «nombre en los papeles no coincide con apariencia física», ¿verdad? Es como un juego de adivinanzas que todos están felices de jugar, menos tú.

El primer paso: el Registro Civil,
ese laberinto infinito

Mi primera parada fue el Registro Civil. ¿Te imaginas entrar, presentar tus papeles y salir con un nuevo nombre brillante y un género actualizado? Fácil, ¿no? Claro, si crees en unicornios y en que los funcionarios públicos sonríen. La realidad fue que desde el momento en que crucé la puerta me sentí como si me hubieran lanzado en un capítulo de una telenovela dramática.

Primero, la señora del mostrador me miró con esa expresión de «esto no va a ser fácil» mientras yo le sonreía con la esperanza de que tal vez, solo tal vez, ella se apiadara de mí y acelerara el proceso. Gran error. Con la primera palabra que salió de su boca supe que estaba condenada:

—Número de turno, por favor.

Después de esperar lo que parecieron tres vidas enteras, finalmente me llamaron. Expliqué lo que quería: cambiar mi nombre de «F» a Kayla y actualizar mi género. Y aquí fue donde comenzó la verdadera diversión.

—Necesitará traer un certificado médico, un informe psiquiátrico, su acta de nacimiento y, por supuesto, una prueba de domicilio. Ah, y esto tiene que estar firmado por un juez —me dijo la funcionaria, tan casual como si me estuviera pidiendo la hora.

«¿Un juez? ¿Qué sigue? ¿Una entrevista con el papa?», pensé. Pero claro, todo lo que hice fue asentir con la cabeza y salir de allí, sabiendo que acababa de recibir la lista de la compra más complicada de mi vida.

RECOGIENDO LOS INGREDIENTES: EL CERTIFICADO MÉDICO-PSIQUIÁTRICO Y OTRAS MARAVILLAS

El certificado médico fue fácil. Mi endocrinólogo me lo preparó en un abrir y cerrar de ojos. Pero luego vino el informe psiquiátrico. No sé si alguna vez has tenido que sentarte frente a un psiquiatra y convencerlo de que no estás loco y solo quieres cambiar tu nombre. Es como intentar explicarle a un gato por qué no puede comerse las plantas de la casa: frustrante y un poco humillante.

—¿Por qué sientes que necesitas cambiar tu nombre? —me preguntó el psiquiatra con esa voz que los médicos usan cuando están a punto de diagnosticarse un nuevo paciente favorito.

—Bueno, porque Kayla es mi nombre, no «F». Fue un error administrativo, digamos —respondí con una sonrisa forzada.

Afortunadamente, después de varias sesiones (porque, claro, no podía ser una y listo), conseguí el informe psiquiátrico. Un documento que básicamente decía que estaba sana, cuerda y completamente decidida a ser Kayla en todos los sentidos, incluso en el pasaporte.

EL ACTO DE NACER... DE NUEVO

Luego, el acta de nacimiento. Este documento lo sentí como si estuviera renegociando mi propio nacimiento. Fui al archivo central, donde guardan los registros de nacimiento, un lugar que huele a papel viejo y a sueños rotos. Después de esperar en otra fila interminable, logré obtener una copia de mi acta de nacimiento.

Claro, porque ¿por qué iba a bastar con tener una copia en casa? No, necesitaba una nueva, que certificara que una vez, en el año del Señor quién sabe cuál, nací como «F», pero pronto ese «F» desaparecería en el aire como un mal truco de magia y surgiría Kayla, radiante y feliz.

El juez, el juez, mi reino por un juez

Ahora, lo del juez fue toda una aventura. Para cambiar oficialmente el género en mi documento necesitaba una sentencia judicial. Y si crees que esto fue sencillo, déjame pintarte el panorama: me sentí como un abogado en una película de suspense, tratando de convencer al juez de que sí, de hecho, merezco tener mis documentos en línea con quien soy.

—¿Y por qué ahora? —preguntó el juez, que evidentemente pensaba que la burocracia no era suficiente castigo.

—Bueno, porque he sido Kayla durante mucho tiempo y estoy cansada de que me llamen «F» en todas las oficinas gubernamentales —respondí, deseando haber traído un kit de supervivencia.

Sorprendentemente, el juez resultó ser un tipo comprensivo y, después de una espera que me dejó al borde de la ansiedad, obtuve la sentencia. ¡Victoria!

El final del viaje: DNI y pasaporte, aquí vamos

Con todos mis documentos en la mano, volví triunfante al Registro Civil. Claramente, después de haber pillado una cita, que en principio fue imposible por teléfono y posteriormente por internet, que tardó bastante, digamos que lo mismo que se tarda en hacer el Camino de Santiago empezando desde Francia hasta la catedral andando con un monopatín con una rueda pinchada, cargando una caja de aguacates en la espalda. O más fácil de entender, como cuatro vueltas a la luna. O simplemente como cuando tienes hambre y el agua para echar la pasta no hierve nunca. Espero haber sido bastante clara.

Esta vez sentí que debería haber habido una banda de música esperando a recibirme. Pero, en lugar de trompetas y vítores, lo único que obtuve fue una cara nueva en el mostrador.

—Estos son mis documentos —le dije con una sonrisa que podría iluminar una ciudad.

La señora revisó cada uno de los papeles, me miró, miró los papeles de nuevo y finalmente dijo:

—Todo parece estar en orden. Volverás en tres semanas para recoger tu nuevo DNI.

Tres semanas. Me había tomado meses llegar a este punto, y ahora solo quedaba esperar. Pero, por primera vez en todo este proceso, la espera no me molestó. Sabía que el día que regresara me iría de esa oficina con un documento que finalmente reflejaría quién realmente soy.

KAYLA, AL FIN Y AL CABO

Cuando finalmente recogí mi nuevo DNI y mi pasaporte, sentí que había escalado el Everest de la burocracia. Y aunque fue un viaje lleno de frustraciones, colas interminables y más papeles de los que hubiera deseado ver en mi vida, al final valió la pena.

Ahora, cada vez que alguien me pide identificación, lo hago con una sonrisa traviesa, porque sé lo que costó llegar hasta aquí. Soy Kayla no solo en mi corazón, sino también en todos esos documentos que parecen tan importantes para la sociedad.

Así que, si alguna vez decides cambiar tu nombre o género en los documentos oficiales, te deseo suerte, paciencia, y, sobre todo, un buen sentido del humor. Porque si algo aprendí de este proceso es que la burocracia puede ser un monstruo, pero uno que, con suficiente determinación (y una pizca de sarcasmo), se puede domar.

SAMADHI

❧

SAMADHI: EL ESTADO DE UNIÓN
Y SU REFLEJO EN LA VIDA COTIDIANA

Desde tiempos ancestrales, las tradiciones espirituales han buscado entender y experimentar estados profundos de conciencia que trascienden la experiencia humana ordinaria. Uno de esos estados es el *samadhi,* un término sánscrito que se encuentra en las filosofías del yoga y el budismo, y que representa el pináculo de la meditación y la realización espiritual. Pero ¿qué significa realmente *samadhi* y cómo podemos relacionarlo con nuestra vida diaria? ¿Qué lecciones y consejos podemos extraer de este estado de conciencia para mejorar nuestro bienestar y plenitud? Exploraremos estas preguntas a continuación.

¿QUÉ ES *SAMADHI?*

Samadhi se define comúnmente como un estado de conciencia profunda donde el meditador y el objeto de meditación se vuelven uno solo. Es la culminación del camino del yoga, donde se alcanza una unión completa entre el individuo y lo universal, disolviendo todas las dualidades y conflictos internos. En este estado, la mente está completamente quieta, libre de distracciones y fluctuaciones, permitiendo una experiencia directa de la realidad tal como es.

Este estado no es simplemente una abstracción espiritual, sino una experiencia tangible de paz profunda, claridad y dicha que trasciende las limitaciones del ego y la mente racional. *Samadhi* se describe como una liberación de los sufrimientos y apegos que nos atan, permitiendo un sentido de libertad y conexión con todo lo que existe.

SAMADHI Y LA VIDA COTIDIANA

Samadhi es un estado elevado que puede requerir años de práctica meditativa dedicada. Los principios y experiencias asociados con él pueden ofrecer valiosas perspectivas y consejos aplicables a nuestra vida cotidiana. Veamos cómo.

1. Presencia y atención plena

En el camino hacia *samadhi,* la atención plena o *mindfulness* es esencial. Implica estar completamente presente en el momento, observando sin juzgar nuestros pensamientos, emociones y sensaciones. En la vida diaria, practicar la atención plena nos permite conectar más profundamente con nuestras experiencias, reduciendo el estrés y aumentando la satisfacción en nuestras actividades diarias.

Consejo: dedica unos minutos cada día a practicar la atención plena. Puedes empezar enfocándote en tu respiración, notando cómo entra y sale el aire de tu cuerpo. Esta simple práctica puede ayudarte a desarrollar una mayor conciencia y presencia en todas las áreas de tu vida.

2. Aceptación y soltar el control

Samadhi implica una rendición completa, dejando ir el control y las expectativas. En nuestra vida, a menudo luchamos contra las circunstancias, intentando controlar cada aspecto de nuestras experiencias, lo que puede generar ansiedad y frustración.

Consejo: aprende a aceptar las cosas tal como son, entendiendo que no todo está bajo tu control. Esto no significa resignación, sino reconocer y adaptarse a las situaciones con flexibilidad y apertura, permitiendo que la vida fluya más naturalmente.

3. Unidad y conexión con los demás

En el estado de *samadhi,* se experimenta una profunda sensación de unidad con todo lo que existe. Esta comprensión puede traducirse en una mayor empatía y compasión hacia los demás en nuestra vida diaria, reconociendo que todos estamos interconectados.

Consejo: fomenta conexiones significativas con las personas a tu alrededor. Practica la empatía, intentando entender y sentir las experiencias de los demás. Actos de bondad y compasión no solo benefician a quienes te rodean, sino que también enriquecen tu propia vida.

4. Quietud mental y paz interior

La mente suele estar llena de pensamientos constantes, preocupaciones y planes. *Samadhi* representa la quietud mental absoluta, una liberación de este constante parloteo interno.

Consejo: incorpora prácticas de meditación en tu rutina diaria para calmar y centrar tu mente. Incluso unos pocos minutos al día pueden ayudarte a reducir el estrés y encontrar un mayor sentido de paz y equilibrio interno.

5. Desapego y libertad de deseos materiales

El camino hacia *samadhi* enseña el desapego de los deseos y apegos materiales que a menudo causan sufrimiento. En la vida moderna, estamos constantemente bombardeados con mensajes que nos impulsan a desear más y más, lo que puede llevar a un ciclo interminable de insatisfacción.

Consejo: reflexiona sobre lo que realmente te aporta felicidad y satisfacción. Aprende a apreciar y estar agradecido por lo que tienes, en lugar de perseguir constantemente más. Este enfoque puede llevar a una vida más simple, plena y significativa.

6. Autoconocimiento y crecimiento personal

Alcanzar *samadhi* requiere un profundo viaje de autoconocimiento, explorando y entendiendo las profundidades de nuestro ser. Este proceso es invaluable en nuestra vida diaria para el crecimiento personal y la realización.

Consejo: dedica tiempo a la introspección, quizás mediante la escritura de un diario o la reflexión personal. Identifica tus fortalezas, debilidades, miedos y aspiraciones. Este conocimiento te permitirá vivir de manera más auténtica y alineada con tus valores y propósitos.

7. Resiliencia y tranquilidad ante la adversidad

La práctica espiritual que conduce a *samadhi* también cultiva una profunda resiliencia, permitiendo mantener la calma y el equilibrio incluso en medio de desafíos y dificultades.

Consejo: cuando te enfrentes a situaciones difíciles, trata de mantener una perspectiva amplia y equilibrada. Recuerda que las dificultades son temporales y que cada desafío es una oportunidad para aprender y crecer. Cultiva la paciencia y la confianza en tu capacidad para superar obstáculos.

INTEGRANDO *SAMADHI* EN LA VIDA MODERNA

Aunque vivimos en un mundo acelerado y a menudo caótico, los principios y enseñanzas asociados con *samadhi* pueden ser una brújula que nos guíe hacia una vida más equilibrada y satisfactoria. No se trata de aislarse del mundo o renunciar a nuestras responsabilidades, sino de abordar la vida con una conciencia más profunda y una conexión más auténtica con nosotros mismos y con los demás.

Consejos prácticos para integrar estos principios:

- Establece rutinas de bienestar: incorpora prácticas como la meditación, el yoga o simplemente momentos de quietud en tu rutina diaria. Estas prácticas te ayudarán a conectar contigo mismo y a cultivar la paz interior.

- Practica la gratitud: tómate un momento cada día para reflexionar sobre las cosas por las que estás agradecido. La gratitud puede cambiar tu perspectiva y aumentar tu bienestar emocional.

- Cultiva relaciones significativas: dedica tiempo y energía a nutrir relaciones que te aporten alegría y apoyo. La conexión humana es esencial para una vida plena.

- Vive con intención: sé consciente de tus acciones y decisiones. Pregúntate si están alineadas con tus valores y propósito. Vivir con intención te ayuda a encontrar significado y satisfacción en tus experiencias diarias.

- Abraza el proceso: entiende que el crecimiento y la realización son procesos continuos. Sé amable contigo mismo en este viaje, aceptando tanto tus logros como tus errores como parte de tu evolución personal.

En fin, *samadhi* representa un ideal espiritual de unidad, paz y realización que, aunque puede parecer distante, ofrece lecciones profundas y prácticas para nuestra vida cotidiana. Al adoptar y aplicar los principios asociados con este estado de conciencia, podemos transformar nuestra experiencia de vida, encontrando mayor paz, alegría y conexión en cada momento.

Recuerda que el camino hacia una vida más consciente y plena es un viaje personal y único. No hay una única manera de alcanzar estos estados de ser, y cada pequeño paso que des hacia una mayor conciencia y equilibrio es valioso. Permítete explorar, aprender y crecer, sabiendo que dentro de ti reside la capacidad de experimentar una profunda paz y realización.

ENCONTRANDO *SAMADHI* EN EL OLIMPO

Aquí estoy sentada, pensando qué grande es el mundo. En un momento de agobio, de estrés provocado por el trabajo, decidí de pronto que necesitaba un viaje. Empecé a maquinar en mi cabeza varios lugares que me gustaría descubrir e hice la lista de objetivos. ¿Japón? Muy lejos. Kayla, ¿vamos a Indonesia? ¡Quizás, pero también un poco lejos! Y claro, por otro lado, leí cómo es el tema LGBTI+ de estos países y descubrí que quizás no eran los mejores para mí. Así que investigué Filipinas. Calculé que tenía poco tiempo y estaba también muy lejos (unas trece horas de viaje de ida y otras tantas de vuelta).

«Creo que lo dejaré para otra ocasión, casi que voy a ver qué hay más cerquita. Creo que me apetece un barquito o un crucero para que me lleve, poder escribir y al mismo tiempo poder visitar sitios interesantes», pensé.

En la búsqueda me salieron las islas Canarias y Madeira. «Mmmm... ¡Guau! Qué fabulosa elección. Lástima que vivo en el archipiélago canario y ya conozco todas las islas».

Y de pronto (magia del algoritmo de internet) me salió una oferta para las islas griegas y, sin pensarlo dos veces, compré el crucero Mar Egeo, descubriendo la ciudad griega de Atenas, Salónica, Kusadasi (Turquía), Heraclión, Santorini, Mykonos y Milo. No me lo pensé e hice la reserva y las maletas.

Llegué al día siguiente a Barcelona. Estaba emocionada con esta aventura. Siempre he pensado que sería una gran experiencia visitar mis orígenes griegos, ya que soy originaria de Magna Grecia (Taras).

El segundo día llegué al aeropuerto de Atenas. ¿Cuál fue mi primera impresión sobre Atenas? El aeropuerto es pequeñito y la primera cosa que me saltó a los ojos fueron las letras, imposibles de entender. Entre un *kaliméra* y un *efcharistó,* conseguí coger el bus que me llevó al puerto de El Pireo después de una hora y media dando vueltas dentro de Atenas. La ciudad tiene un alto parecido a mi localidad natal, Taras. El puerto se parece un poco al de Barcelona. En la calle se respira una mezcla de aromas entre carne, especias, pan al horno y dulces. Además, hay mucho tráfico, algo tremendo. Pensar que para la evolución humana todo empezó desde esta ciudad me hacía sentir afortunada. Una ciudad con sus ruinas, sus templos y la acrópolis, donde Nike no era una firma de ropa deportiva, pero sí una diosa, donde las formas circulares y triangulares recibieron un nombre, donde Pitágoras estaba obsesionado con el triángulo, donde nació la democracia, donde nació el maestro de la filosofía y mucho más. Todo esto es Atenas.

Hubo un momento en que sentí que todos los ojos de la gente estaban mirándome, no sabía si por placer o porque se me reconocía como una mujer trans. Sinceramente, a estas alturas a mí me daba totalmente igual. Hace siglos, en estas tierras las personas trans eran comparadas con diosas, y yo, caminando por la calle, sentía que esta tierra me pertenecía.

Creo y percibo que en otra vida yo he formado parte de esta cultura y ahora, en esta vida, me reencarnado en la que siempre he sido. Pienso que nunca morimos y nunca nacemos, simplemente cumplimos diferentes vidas para aprender e intentar enmendar los problemas y errores que nos traemos de nuestras vidas anteriores.

Me pregunto también a veces, cuando la gente habla de que durante la muerte o premuerte ve un túnel de luz y se siente atraída hacia él, si aquella luz no será acaso la de la sala operatoria del quirófano. ¿Esta luz podría ser la lámpara quirúrgica y el túnel la salida del canal o conducto de la vagina hacia nuestro nuevo nacimiento? Me explico. El parto es el túnel que hay que cruzar desde la muerte, donde reinaba una paz infinita y que podría ser la creación del ser humano en el vientre de una madre. Este ser humano que acaba de morir va a volver a vivir en otro cuerpo, otra vida, y la luz al final del túnel es la salida, porque vuelves a nacer. Así, una y otra vez podemos vivir y seguir creciendo espiritualmente, sanarnos y mejorar respecto a nuestras vidas anteriores. Y quizás ayudar al prójimo para que toda la humanidad pueda llegar un día a vivir en un estado de paz, con una luz eterna, cerca de un Dios que no castiga y solo ama. Y durante este camino de una vida y la otra estamos vigilados y ayudados por ángeles o maestros, o por otros santos o presencias, que nos van guiando para no volver a caer en los mismos errores.

Creo que hoy día es el miedo a morir lo que impide a las personas cumplir sus sueños y deseos. ¿Y si todos descubrimos que después de la muerte nos reencarnamos y tendremos que hacerlo hasta cumplir y encontrar el amor interior y la misericordia? Quizás la gente seguiría luchando, sabiendo que todo lo material se quedará en la tierra y que quien trascendería sería solo quien se haya podido elevar con el alma durante una vida. ¿Creéis que esto serviría para algún cambio?

El dolor existe solo en el estado terrestre, porque en el estado espiritual se siente alivio, paz alegría y felicidad. Diferentes son el dolor físico y el dolor mental. ¿Y si el estado de coma o estado vegetal fuese solo un estado de *stand-by,* de espera, donde uno puede elegir si seguir en el cuerpo y acabar su misión en la vida o dejar el estado físico y pasar a la siguiente vida? Porque la mente se queda en un estado zen. ¿Y el espíritu? ¿El alma dónde está? ¿Se queda quieta, alojada en el cuerpo? ¡Podría ser! Después de estas preguntas y afirmaciones, llegó a mi conclusión, solo una: no se puede morir sin haber vivido. Me refiero al miedo que a veces nos bloquea y que no nos deja proceder tanto en el camino terrenal como en el espiritual de nuestra existencia en esta vida. Si no hay experiencia, no hay crecimiento.

La esencia de todo este discurso que acabo de soltar suelo verla en la gente cuando viajo sola. Su reacción siempre es la misma: «¿Estás loca? ¿Sola? ¿No tienes miedo? ¿Y si te pasa algo? ¿Y si te mueres?». Estas son las preguntas que siempre me hacen. Sin embargo, mi respuesta para ellos es siempre la misma: yo nací sola y moriré sola, nadie morirá por mí y nadie nacerá por mí.

Y cuando dicen que voy sola, siempre les digo que en el lugar a donde voy hay gente también. Es el hábito del ser humano estar siempre en grupo para sentirse seguro y tener menos miedo, pero hay que salir de nuestra área de confort para aprender y comprender que el mundo es muy grande y que lo formamos miles de almas que tienen sueños, ilusiones, tristezas y penas, pero todos estamos vivos y compartimos un instante. Estar solo no es lo mismo que sentirse solo. Puedes sentirte solo en una multitud de gente y puedes estar solo porque tú lo quieres. Y eso lo eliges tú.

Tienes el poder de decidir con quién estar y con quién no estar. Este empoderamiento es un valor inigualable y muy poderoso. Estar bien con uno mismo, escucharse, estar en silencio, disfrutar de tu soledad aporta muchos beneficios, todos muy positivos para la salud mental y espiritual. Eres tú la única persona con quien vas a pasar el resto de tu vida, y a veces dedicar y pasar tiempo contigo mismo, sin distracciones, te brindará un mayor conocimiento sobre ti y te hará sentir independiente y seguro de ti mismo. Descansar socialmente y conectar con tu diálogo interior es lo más efectivo para pensar y reflexionar sobre nuestras experiencias, deseos, miedos y anhelos, además de fomentar la creatividad. Si uno está bien solo, está bien con el mundo entero.

Somos energía y estamos hechos de átomos, atraemos lo que queremos con nuestra vibración. Qué mejor que cuando vibramos seamos del polo positivo, con música que nos gusta y sonriendo e intentando ver lo bueno de la vida. De esta manera atraeremos cosas de la misma intención vibratoria. Esto también pasa al revés: si concentramos nuestros pensamientos y nuestra vibración en negativo, atraemos lo peor que nos rodea. ¿Acaso no has oído hablar de la ley de Murphy o la ley de atracción, o estás pensando en alguien y de repente te llega un mensaje o una llamada de esta persona? Estamos todos conectados en un único cosmos, como parte de la materia.

Hay un momento en nuestra vida que pasa una sola vez, es el proceso de renovación. Es cuando, en base a tus experiencias vividas sin darte cuenta, cambia tu camino. Y este proceso viene solo. El proceso de renovación puede pasar en cualquier momento. Cuando uno se acerca a una persona, a una religión, a un estilo de vida, es un factor que te hace cambiar de manera radical el camino de tu vida y hacia dónde te estabas dirigiendo. El hecho es que la experiencia y el conocimiento ayudan a la renovación de uno mismo para llegar a niveles superiores espirituales.

Y vuelvo a la misma pregunta: si la gente supiera que después de la muerte podría vivir de nuevo, ¿desaparecería el miedo a la muerte? ¿Seguiría la gente luchando por el dinero, por lo material, por la riqueza y la lujuria, o se dedicaría más a ayudar al prójimo y saber que cada obra buena que uno hace es un paso a que tenga más posibilidades de poder revivir para ayudar a alguien a llegar a su meta, transformándose en un ángel de la guarda o un guía espiritual para otros en el futuro? Por ejemplo, el budismo lo denomina llegar a la «budeidad», a la iluminación. Esto es cuando se llega a un estado mental alto de conocimiento, con estudio y acción emotiva y positiva que ayudan a otra persona.

Nueve de la mañana. Llegamos a Thessaloniki o Salónica. Esta ciudad coge el nombre de la hermanastra de Alejandro Magno y mujer de Filipo II de Macedonia, que enseguida pasó al Imperio romano. Era una importante ruta entre Occidente y Oriente, una ciudad con siglos de historia y toda por descubrir.

Llegamos al puerto de Kusadasi. Ahí está, tocando ya la costa oriental, mi amada y bonita Turquía. Los paseos en sus calles coloridas y ruidosas, sus bazares llenos de *souvenirs* falsos, los comerciantes tirando piropos a los turistas para atraerlos hacia dentro de sus tiendas, invitándoles al té para que así compren algo. Como en muchos países, el turista es un simple billete que les dará de comer esa noche, pero al salir de esa vorágine del fabuloso puerto, un castillo antiguo otomano te da la bienvenida a una ciudad única, con sus calles, que huelen a dulce y miel, su brisa marina y, lo más maravilloso, su atardecer, donde el sol se sumerge en el mar Egeo y se pierde en las islas griegas. Todo eso es Kusadasi.

Hora de la cena con el capitán y el barco partió en dirección Creta. Quiero empezar contando que la travesía nocturna no fue muy fácil, pues el barco no dejó de moverse en toda la noche. En la discoteca, la gente iba bailando y volando de un lado al otro y se podía ver en las bebidas la ondulación del barco. De esta manera, más de uno pudo disimular muy bien la borrachera, ya que no se podía distinguir por la forma de andar a los clientes sobrios de los que no lo estaban. Sobre la cuatro y veinte de la madrugada, me desperté por haberme dado con la cabeza en el cabezal. Al parecer, el barco cruzó unas cuantas olas grandes. Inmediatamente me di cuenta, mirando por la ventana de mi camarote, de que estábamos en medio de una tormenta. Por si acaso, preparé mi chaleco de salvamento en el sofá y me volví a acostar. Con este balanceo de un lado al otro, me dormí como un bebé en la barriga de su mamá.

A la mañana siguiente, sobre las nueve, atracamos el barco en Heraclión, la capital de Creta. Bajé y me fui a dar un paseo por el pueblo, descubriendo su magia. Un pueblo que vive de la miel, el aceite y mucha hierba, y donde las liras son un instrumento tradicional. Paseando por sus calles me enteré de que había que visitar el famoso palacio de Knossos, el tan discutido palacio del minotauro, de la civilización minoica, citado en viejos escritos y leyendas griegas.

La historia, según yo la entendí, fue que había una mujer de nombre Mino, y supongo que su padre se llamaría Tauro, fruto de cuyo amor nació el minotauro. Luego me enteré de que realmente la historia era otra. Según la mitología griega, el rey Minos le pidió a Dédalo que construyera un intrincado laberinto en el que encerrar al minotauro, un ser feroz, con cuerpo de hombre y cabeza de toro. El dios Poseidón, de hecho, le había dado al rey Minos un hermoso toro blanco, pidiéndole que lo sacrificara, pero el rey, dada la belleza de este toro, decidió quedárselo y sacrificar otro. Poseidón, al enterarse de lo sucedido, para castigarlo, hizo que la esposa del rey, Pasifae, se enamorara locamente del toro, y de su unión nació el minotauro. Siendo un ser feroz y cruel, el minotauro fue encerrado en un laberinto y se decidió enviarle siete niñas y siete niños como sacrificio. Teseo fue uno de esos siete jóvenes que llegaron a Creta para entrar en el laberinto como víctimas del sacrificio, pero el niño, gracias a la ayuda de Ariadna, hija de Minos, entró en el laberinto desenrollando el famoso hilo de Ariadna detrás de él. Cuando Teseo se presentó ante el minotauro, lo mató con su espada y luego logró salir del laberinto siguiendo el hilo que había desenrollado.

Mi primera pregunta es: ¿desde cuándo las vacas comen carne humana? Y si hubiese entrado un torero entre estas sietes personas, ¿habría salido del laberinto con las orejas en la mano y sobre los hombros de los demás? ¿Y cómo hubiese acabado la historia? La leyenda también habla de Adriana, hija del rey Minos, que le dio a Teseo un hilo para que su amado pudiera salir del laberinto. ¿Y si el supuesto chico hubiera perdido el hilo del discurso? ¿Y si quería escaquearse de Adriana? Además, qué largo tenía que ser este hilo, si el laberinto es inmenso. Y una cosa que no entendí cuando me contaban la leyenda es que, si la madre se enamoró del toro blanco, ¿esto significa que hubo zoofilia? Es decir, ¿la madre se tiró a un toro y el padre encerró al hijo, medio toro, medio humano, que se comía a las personas? ¿Esto no sería un poco una familia desestructurada? ¿No habría sido más fácil abortar que construir un inmenso laberinto al pobre minotauro? Estas eran las preguntas que yo iba haciendo al guía, que, mirándome con cara de «qué pesada es esta tía», me contestó que era simplemente una leyenda, pero para mí era muy real, sobre todo porque aquel palacio era inmenso. Y pensé: «¿Y si existe también la casa de Caperucita Roja? ¿Dónde estará ubicada?». En fin, a veces, cuando una viaja sola, igual que te conoces y tienes conversaciones vitales, también tienes estos interrogantes que te acompañan durante el camino, muchos de los cuales seguro que compartís conmigo.

Llegamos a la isla de Santorini, situada a los pies de un volcán. El escenario era apocalíptico, con las nubes y la niebla escondiendo la pequeña isla. Isla de los famosos, de las tradicionales casitas blancas y azules, con inmensas colas para las fotos de Instagram.

El paisaje estaba escondido y sin un rayo de sol. La temperatura era muy calurosa y el aire muy denso, como cuando una olla al fuego con agua está a punto de hervir. En ese momento me enteré de que justo ese día en el mar Egeo había una tormenta de arena muy fuerte. Quiero recordar al lector que hablamos del lugar donde se encuentran las corrientes de Europa, Asia y África.

Me traslado con la mente a épocas remotas y entiendo perfectamente cuando los escritores griegos hablaban de los dioses, de paisajes y eventos que sucedían, porque lo que realmente se percibe alrededor es mágico, y me refiero a los acontecimientos naturales. Entre el verde de la montaña del volcán, el mar y el área tan densa y oscura formaban una perfecta escenografía para la entrada teatral de un Zeus bajando del cielo o de Poseidón saliendo de las profundidades del mar azul. Una cosa muy extraña es que aquí, en la caldera de Santorini, el mar no tiene casi corriente, el agua casi no se mueve, no va a ningún sitio. Es como si el tiempo o el planeta se hubiesen congelado, y esto hace que parezca que de un momento a otro va a salir de la profundidad del agua un monstruo marino.

Mirando hacia abajo del barco, vi que había mucho caos. Es impresionante cómo la gente, en general, se mueve como si fuese un rebaño de ovejas. Me refiero a que esa mañana, a las siete, una marea de gente estaba amontonada en la salida del barco para coger la lancha que la llevaría a tierra firme, sin ninguna paciencia para esperar a que otra lancha regresara. Esa escena me recordó a la *Divina comedia,* donde los muertos estaban desesperados por subir al barco con Caronte. No voy a contar el maltrato animal que hay con los burros, cargando turistas muy muy pero que muy pesados bajo un fuerte sol, subiendo seiscientos escalones. De verdad que tendrían que subir andando, que seguro que un poco de actividad física les vendría bien, y dejar a aquellos pobres burros vivir una vida digna. De hecho, si decides subir a la cima para contemplar las vistas, hay un teleférico que en dos minutos te lleva, y luego puedes bajar andando. Calcula que cuando bajes los seiscientos escalones tendrás que evitar o saltar la caca de los burros y los ríos de meado, algo que nadie te cuenta. Y si puedes, también una vez arriba, evita chocar con los otros turistas y con los carteristas y cruza los dedos para que las rodillas te respondan al llegar abajo. Importante: cámbiate los zapatos, que ni se te ocurra llevar chanclas para subir y bajar; bueno, siempre y cuando no seas masoquista.

Y llegamos a la isla de Mykonos, uno de los destinos gays por excelencia de Grecia, con sus colores blancos y azules como protagonistas. Rápidamente desembarqué y me dirigí directamente al pueblo. Me perdí entre sus pequeñas y coloridas calles, cuando de repente me di cuenta de que me había salido de la ruta turística y las calles ya no eran tan coloridas y llenas de tiendas. Con los ojos azules, me sentía muy observada por todos los lados. Eran calles con ropa tendida por los balcones y una mujer estaba gritando en griego por la ventana llamando a su hijo, que jugaba abajo a fútbol con sus amigos. El barrio era un poco inquietante, sobre todo porque, siendo honesta, yo no es que pasara desapercibida. Mi pinta de turista perdida era más que evidente, y entre un *kaliméra* pronunciado a mi manera, un *efcharistó* y un *parakalistó,* cambié rápido de dirección, reprogramando mi GPS humano hacia la costa y el mar. Gracias Dios, llegué a la costa metiéndome entre dos casitas por un pasillo muy estrecho, de unos setenta centímetros, más o menos. Cuando vi el mar, por fin suspiré. Ahí fue cuando me di cuenta de que me había pasado el pueblo por detrás. Entendí exactamente la expresión española «te pasaste tres pueblos». Yo iba por el primero, bromas aparte.

Al fondo se veían los famosos molinos. Me armé de paciencia y me dirigí hacia ellos. Cuanto más me acercaba, más turistas tenía a mi alrededor. Una vez debajo, pude contemplar una vista extraordinaria de la bahía conocida como la pequeña Venecia. Desde el molino, hecho en cal y madera, con los techos de paja en forma de cono, el mar es de un color verde transparente, muy tranquilo. Todos los restaurantes y bares, casi metidos en el mar, al borde de la orilla, estaban llenos de turistas, con las mesas con su mantel de cuadros blancos y azules. Había un fuerte olor a sal en el aire, el horizonte se mezclaba con el color del azul del cielo, casi del mismo tono, y encima de mi cabeza una pequeña nube blanca, como si fuese nata montada. Me sentí acariciar una pierna y, bajando los ojos, vi un pequeño gatito que se refregaba contra mi pierna. Le regalé unas cuantas caricias y decidí volver al barco.

Pasó delante de mí un chico con barba y gafas; le presté atención, ya que me parecía haberlo visto antes. Para volver al barco decidí meterme entre las calles del pueblo, y fue cuando lo vi cruzar hacia mí. Sonó mi campanilla de alarma e intuí que me estaba siguiendo. En este sitio tan turístico hay muchos pequeños ladrones, que van acompañados alguna vez de mayores. Entonces decidí dar la vuelta alrededor de una casa para asegurarme de que no me estuviera siguiendo y aumenté la velocidad de mis pasos. Al girar en la segunda esquina a la derecha, aceleré hasta la tercera esquina y vi que sí me estaba siguiendo. Ahora yo estaba justo detrás de él. Entré en un restaurante para perderlo y salí por la puerta trasera, aceleré aún más y entré por fin en el puerto, al que solo se podía acceder con la tarjeta del barco. Me di la vuelta para asegurarme de que no se había metido en el puerto y lo vi. Se me quedó mirando, bloqueado en el control de policía, y desde lejos le sonreí. Lo saludé y subí a mi crucero, habiendo perdido cuatros años de mi vida en las callecitas de Mykonos. Me quedé pensando por qué me seguía y cuál era su intención. ¿Quería ligar? ¿Pretendía robarme? En este caso, el instinto me hizo actuar como presa de caza y mis sensores se activaron.

Al día siguiente llegamos a primera hora de la mañana a la bella isla de Milos. Y aquí voy a decir que es mi preferida, una pequeña isla que forma parte del archipiélago de las Cícladas, con un pequeño pueblo blanco que se ve desde el barco. Desembarcamos todos en una lancha porque el puerto era muy pequeño y el crucero no podía atracar en él. Tardamos veinte minutos de lancha, con la brisa marina en la cara y el viento moviéndonos los cabellos como si fuéramos en moto sin casco. El maravilloso pueblo se iba acercando, o mejor, nosotros nos íbamos acercando a él.

Desembarcamos y comprobamos que en aquel tranquilo y silencioso pueblo de mar había solo un bar, una cafetería y un pequeño kiosco en medio de la plaza, un par de personas en la calle, sin coches, y un par de *scooter*. Mi objetivo del día era la bella playa Blanca, donde encontraríamos la estatua más famosa de Milos, la *Venus*. Cogí un bus desde el pueblo y por dos euros me llevó a la playa. El conductor paró al lado de un camino de campo y me dijo en griego que bajara y siguiera andando, señalándome con la mano un camino de piedra hacia el mar.

Una vez bajé del bus, vi cómo se alejaba rápidamente. Por un instante, miré alrededor y no había nada. Estaba metida en medio de un campo, bajo un abrasador sol, y lo único que tenía enfrente era una carretera vacía. Entonces decidí seguir por el camino de piedra hacia el mar. Durante el camino solo se escuchaba a los grillos cantar (en griego) y a lo lejos empecé a ver el mar azul y, siempre al fondo, tres islas.

Seguí caminando, cuando de repente todo a mi alrededor se volvió blanco, no había nada de naturaleza verde, ni una flor ni un árbol, era un paisaje lunar. La luz del sol se reflejaba sobre las piedras blancas y toda la atmósfera se volvió celestial. Había encontrado la playa de Sarakiniko. Este sitio estaba envuelto en una atmósfera mágica, casi embrujadora; era un sitio digno del Olimpo, una escenografía diseñada por los dioses griegos quizás. Al bajar encontré una pequeña cala escondida, con aguas verdes transparentes y muy calmadas, y entre dos grandes rocas blancas me senté justo en la orilla, dejé mis cosas aparte y presté atención al sonido de la naturaleza: el rumor del agua tocando despacio las rocas, un par de gaviotas pegándose por un cangrejo, además de un húmedo y ligero viento que rozaba los laterales de la cueva, creando un evocador sonido que te conectaba con la magia del lugar.

Me desvestí totalmente, me liberé de aquellos vestidos y me sumergí en aquella agua cristalina turquesa. Me puse en la posición de la cruz, con mi cara dirigida al cielo y mi cuerpo flotando como si fuese la crucifixión de Jesús. Sentía mi respiración sobre el agua en sintonía con la naturaleza, la conexión entre el cielo y el mar. Una sensación de bienestar y alegría cruzaba todo mi cuerpo, desde la cabeza hasta los pies, y cada molécula interior y exterior de mi cuerpo percibía esta energía.

Había encontrado lo que buscaba desde hacía mucho tiempo, escucharme a mí misma contemplando la belleza de la vida con todo su color, sus olores, sus animales. Mi cabeza empezó a viajar atrás en el tiempo e imaginar que estaba en el Olimpo. Sentía una sensación de poder y fuerza interior, fantaseando con ser una diosa griega bañándome en las aguas del mar Egeo, esperando a que de un momento a otro apareciera Poseidón para poderme disculpar con él por lo que los seres humanos estamos haciendo en el planeta, por cómo no respetamos el mar, por contaminar el agua con residuos plásticos y por no cuidar de los océanos y matar de manera indiscriminada a los peces y corales que habitan en él. Luego pensaba en cómo explicarle que la tecnología y el consumismo de hoy en día han hecho que el hombre se haya vuelto insensible e irrespetuoso con su propio hábitat. ¿Cómo de estúpido es el ser humano, que mata su hábitat, no respeta su entorno y se está cargando el planeta donde vive y procrea, asegurando el fin de su especie? ¿Y por qué la riqueza ha llevado al hombre a la estupidez más absoluta, sin atender lo que en realidad nos da la vida el planeta Tierra? Si nos paramos a pensar, la naturaleza es tan perfecta que nos da hasta comida, y nosotros la contaminamos y maltratamos sin piedad.

Estuve por lo menos una hora en aquella posición, hasta que un pequeño pececito me empezó a morder los dedos de los pies, haciéndome cosquillas. Salí del agua, me senté en aquellas rocas blancas y continué contemplando y mirando el mar. Me sentía renovada, recargada. Y en mi nuevo estado, de pronto un salto en el mar captó mi atención. Vi un delfín saltar fuera del agua y ahí me cayó una lágrima, a la vez que no podía dejar de sonreír. Creo que fue un signo del mar que viera el delfín. Me sentí como si me hubiera escuchado, que sentía mi dolor y mi impotencia, o quizás Poseidón me regaló este fabuloso momento, la vista de un delfín saltando fuera del mar. Todo un regalo.

Ya tarde, me volví a vestir y me llevé una pequeña piedra blanca del sitio. Seguía con mi sensación inexplicable de bienestar. Ahora me tocaba caminar hasta la carretera cuesta arriba, bajo el sol, unos veinte minutos, más o menos. Tardé en llegar a la carretera donde me había dejado el autobús y la caminata se me hizo eterna. A mi llegada a la calle principal, no había ni carteles ni parada de autobús y no sabía cómo volver al puerto. Fue entonces cuando me puse a hacer autostop. Pasaron como cuatro minutos hasta que apareció alguien. Era un chico con una moto roja y sin casco que se paró a preguntarme a dónde me dirigía. Le contesté que al pueblo, exactamente al puerto, y sonriendo me invitó a subir, claramente sin casco, porque parece que en esa isla tan pequeña no sea tan importante, según ellos.

El viento y el ruido del motor no nos dejaron hablar mucho. Me dejó en el centro de la plaza del pueblo, le agradecí la ayuda y subí a mi barco. Volviendo al camarote, me tumbé sobre la suave cama, repensando aquella sensación de libertad y bienestar que había sentido por fin. Intentaba reproducirla con los ojos cerrados, porque grabé en mi memoria el sonido y el olor de aquel fabuloso y mágico momento que experimenté. Creo desde ese día en la ley de la atracción. Pienso que de tanto buscar lo he podido atraer a mí. Por otra parte, estamos hechos de átomos y de vibraciones, exactamente como todo el universo. Creo que somos polvo de estrellas; y si no, ¿por qué se dice polvo eres y en polvo te convertirás? ¿Y por qué en la Biblia se dice que el cuerpo vuelve a la tierra? Si miramos con el microscopio la ceniza de un difunto, tiene la misma forma y color del cosmos o del universo. ¿No será una extraña casualidad? ¿Y si fuésemos polvo de estrellas que se me materializa por un periodo de tiempo, con consciencia, alma e inteligencia, y al morir el cuerpo se vuelve polvo, el alma regresa al universo y la inteligencia también, esperando otra oportunidad para renacer? ¿Acaso Jesucristo no resucitó, aunque lo hiciese en el mismo cuerpo y tardara tres días, volviendo al padre en el universo? ¿Y si para nosotros fuese lo mismo, con un tiempo quizás más largo entre vida y vida? ¿Y si nos dieran la posibilidad de volver para aprender algo que quizás no hemos podido completar o cumplir en la vida anterior?

Nunca lo descubriremos, nos quedaremos con la duda, aunque todo podría ser.

Nada pasa por nada. Todo el proceso de la vida es un aprendizaje de lo positivo y lo negativo. Muchos buscan casi siempre la aceptación de los demás, pero ¿cuánto importa realmente eso en el camino de «nuestra» vida? ¿Por qué queremos ser aceptados? ¿Por miedo a quedar solos o simplemente por una cuestión de ego? Yo hasta hoy día he aprendido que el miedo existe solo si nosotros lo creamos y le damos fuerzas, y te confieso que se puede controlar, eliminándolo; pero el miedo no es malo, nos hace también crecer, nos vuelve cautelosos y precavidos. Hay miles de tipos de miedo, simplemente hay que aprender a manejarlo a tu favor. Y cuando descubras la forma de manejarlo, entonces habrás entendido mucho sobre la vida, porque llegará la luz que te hará vivir feliz y disfrutar de los buenos momentos.

Desde que aparece el hombre en escena, el miedo ha sido el arma para poder manipular y controlar a las masas. Empezamos con los emperadores, la religión, las sectas, los políticos, la prensa, las farmacéuticas y una larga lista que nos planta la semilla del miedo para manipularnos a su antojo como marionetas. Antes controlaban a las masas porque eran analfabetas y a los «superiores» no les interesaba que fueran inteligentes y tuvieran una voz, porque un pueblo inteligente es un pueblo difícil de controlar. Pero hoy en día también nos manejan y manipulan. También existe el control sobre la sociedad conectada a internet con las redes sociales; unos buscando aceptación, otros creando mal rollo y siempre escondidos sin dar la cara, a ver cuántos *likes* consigo o a ver a quién critico. La información que nos facilitan en los medios de comunicación y redes sociales está manipulada. Una sociedad que vive a golpe de clic, conectada y desconectada a la vez. Qué paradoja y que éxito para aquellos que nos quieren callados y sumisos como hace siglos. Quizás no hemos evolucionado tanto.

Las brujas fueron personas que murieron por un supuesto miedo de una población ignorante, por creencias y chismes que se generaban en torno a las mentiras. ¿Habéis visto alguna vez una bruja volar con una escoba? Pues eso. A alguien no le interesaba que esas mujeres desarrollaran sus conocimientos. Una de las frases que me ayudó mucho durante mis momentos de miedo fue: «"Voy a volar", dijo el gusano. Todos se rieron, excepto las mariposas». La fuerza de la escritura puede mover montañas.

Tendríamos que concentrarnos y ocuparnos menos de lo que dicen de nosotros y más de lo que pensamos nosotros mismos, querernos más y dejar de lado el hecho de que nos acepten o no. Cuando aprendamos a amarnos y respetarnos a nosotros mismos, entonces llegarán personas a nuestro lado que quieran compartir su vida con la nuestra.

Intenta ser siempre un punto de luz, donde todos los mosquitos van a querer concentrarse por lo que brillas y no por el olor a mierda que desprendes. Sé la mejor versión de ti mismo y acéptate como eres, con todos tus defectos, que, bien trabajados, llegarán a ser tus fortalezas, y recuerda que nadie te va a hacer el trabajo. Lucha por ti mismo, sé diferente, no una copia barata o aproximada de nadie. Mejora tu propia versión cada día.

De vuelta a Atenas, la cuna de la democracia, una vieja ciudad mal cuidada, hasta podemos decir que abandonada, con restos milenarios que siguen en pie contra el tiempo, luchando para contar a las generaciones futuras dónde empezó todo, con sus historias en cada rincón y en cada calle o en las piedras que forman la ciudad. Se respira mucha pobreza. Ese día, el cielo estaba nuboso y la lluvia mojaba el suelo de piedra de los templos y necrópolis, donde los gatos callejeros se refugiaban en busca de un lugar seco. Con esta triste imagen de la ciudad, me dirigí con un Uber al aeropuerto para tomar un vuelo con destino Las Palmas de Gran Canaria. No me imaginaba que la ciudad donde empezó todo ahora sea un lugar turístico, sin ningún respeto, y que sus ciudadanos no vivan mejor. Te estarás preguntando por qué te cuento todos estos viajes. Porque hay un antes y un después de este viaje, que es un momento muy importante.

Unos meses antes de este último viaje, la situación laboral me produjo un fuerte estrés en el cuerpo y mucho más en la cabeza, provocándome un malestar físico y psíquico. La relación matrimonial se volvió monótona y, como les ocurre a muchas parejas, nos comía el día a día y las cosas se dejaron pasar.

Pero una muy mala noticia me llegó, sumándose a la lista de mis complicadas rutinas y estados de ánimo. A un primo mío le diagnosticaron un cáncer de páncreas con solo veintinueve años. En el primer libro, *Tierra amarga,* hablé ya del «monstruo», este terrorífico mal que se instala y mata a miles de personas, niños, mayores, hombres y mujeres, sin hacer ninguna distinción. En pocos meses, mi primo perdió veinte kilos sin saber lo que le ocurría Sin pensarlo, me fui a Italia para verlo y poderme despedir de él. Llegué justo a tiempo y pude verlo vivo. Intentamos contactar con los médicos más prestigiosos, aunque la respuesta era siempre la misma: «No hay nada que hacer».

Esta simple y fría respuesta provoca una impotencia existencial y te cuestionas quiénes somos, por qué siempre la gente más buena se va, por qué no hay una cura y otras trescientas preguntas que no sirven de nada, porque no hay una respuesta. Y porque la respuesta es solo y siempre una: la vida es así y contra algunos acontecimientos no puedes luchar, pero sí aprender a afrontarlos. Aprender y seguir adelante.

Este hecho me hizo cuestionar todo sobre la vida y su sentido. Trabajamos toda la vida para comprarnos una casa, un coche, una moto, etc. ¿Para qué, si luego seremos los más ricos del cementerio y tendremos que dejarlo todo aquí? Nos matamos trabajando para garantizarnos tener un buen final de la vida y para cuando seamos viejos, si llegamos a jubilarnos, poder descansar y disfrutar de la vida, de la familia, de los nietos, quizás solo durante diez años; porque, no nos engañemos, la vida de calidad no suele ir más allá de los ochenta y cinco años. Trabajamos para morir, trabajamos para guardar dinero que luego utilizaremos cuando ya seamos viejos para los medicamentos y no podremos hacer muchas cosas más, porque el físico no nos lo permitirá. Todos estos pensamientos me hicieron accionar un sistema de sufrimiento interno, de estafa e injusticia. Por eso dejé el curro y me compré un billete a Grecia en un crucero.

El miedo en tu cabeza no deja espacio a tus sueños. Una frase muy ejemplar de Nelson Mandela dice: «Aprendí que coraje no es la ausencia de miedo, sino el triunfo sobre él. El hombre valiente no es aquel que no siente miedo, sino el que conquista ese miedo».

Yo digo: «Siéntete libre de vivir la vida como quieras». La vida es demasiado corta para estar con personas que se quejan siempre, personas tóxicas, que critican y juzgan. La vida es muy corta para tener un sueldo de «miércoles», un jefe de m*****, unas compañeras de m*****. La vida es demasiado corta para tener un trabajo de m***** que no te gusta, que te hace sentir miserable. La vida es demasiado corta para intentar complacer a los demás a costa de lo que te gusta. ¿Qué estás haciendo? ¿Cuántos años tienes? ¿Cuántos años te quedan? ¿A qué esperas para decir basta y simplemente vivir tu vida?

LA TRANSICIÓN... Y NO POLÍTICA

No aguanto ser trans. Ser trans es una carga que pesa en el alma y en el corazón, una lucha constante contra un mundo que no entiende, que no respeta, que no acepta.

No aguanto el fetiche autoimpuesto del cambio de privilegios, la falta de derechos. No soporto las miradas, las preguntas incómodas, dar explicaciones. No soporto pasar por un proceso burocrático para poder ser legal, trabajar, estudiar, creo que hasta para f*****. No soporto y no aguanto agradecer tanto cuando me llaman por mi nombre; agradecer por el respeto, cuando debería darse por hecho. No soporto el acoso, el miedo de caminar, la exclusión social y laboral, la exclusión mundial, los movimientos que abogan por la injusticia y la falta de derechos para todas mis hermanas a las que siguen matando. No soporto medir mis palabras por miedo a que algunos me rechacen. No soporto dar explicaciones a la policía sobre lo que tengo entre las piernas o con mi foto de antes, el DNI y el pasaporte de quién era y quién soy. No soporto odiarme y querer mis pechos solo para salir a la calle, para pasar desapercibida. No aguanto más el tener que odiarme solo para que me diagnostiquen la disforia de género y poder empezar mi transición y ser por fin la que soy tanto por dentro como por fuera.

La falta de derechos me consume y cada mirada, cada pregunta incómoda, es un recordatorio de lo lejos que estoy de la paz que busco. No soporto vivir en una sociedad que me recuerda constantemente todo lo que me falta o todo lo que tengo de más o lo que me «sobra», porque en esta sociedad consumista y ciega, llena de odio y de falsos egos, lo único a lo que se da importancia es la apariencia. La sociedad me rechaza, me aparta y nos faltan al respeto los que siempre ven el vaso medio vacío, siempre concentrados en lo que no tienen, como si en realidad nos faltara algo. Mientras tanto, mis hermanas siguen siendo asesinadas, sus voces apagadas por una injusticia que parece no tener fin.

Odio contestar a la pregunta: «¿Cuándo notaste que eras diferente? ¿Cuándo lo supiste?», como si cambiara algo de lo demás. Siempre contesto: «¿Quieres saber exactamente cuándo descubrí mis superpoderes?». Y la gente se queda con una sonrisa estúpida, falsa, pues mi respuesta los deja en ridículo y se quedan sin su respuesta. Porque no soporto dar explicaciones de que yo siempre he sido yo. Imagino que ellos desde pequeños no se han cuestionado quiénes eran. No le encuentro sentido; yo no voy preguntando a la gente cuándo descubrieron que eran heteros o que les gustaban los perros. Este tipo de preguntas me pone histérica.

Y la peor pregunta, la más absurda y que no soporto, es: «¿Cuándo descubriste que eras trans?». Esto nunca lo descubrí, porque uno no se descubre, uno simplemente vive. Yo siempre supe que era una niña y hoy soy una gran mujer feliz.

Simplemente me hubiera gustado que la pregunta fuese: «¿Cuándo te diste cuenta de que tu cuerpo no era el tuyo, de que el sexo que tenías no era el adecuado a lo que tú eras?». Para mí nunca hubo confusión, siempre supe lo que era.

Desde pequeña viví en confusión. Las palabras me enredaban, las normas me atrapaban y no entendía por qué se me negaba el derecho a ser yo. No entendía por qué no podía jugar con las chicas, por qué se me decía que no era «lo suficientemente niña» y no podía tampoco jugar con los chicos porque no era «lo suficientemente niño». Entonces era cuando me dedicaba a hablar con los animales y la naturaleza, a los que no les importaban mucho mi sexualidad y mi género, por lo que era siempre bienvenida. Dar de beber a los gatos cerca del patio del colegio y el pan que robaba de la mesa para los pájaros, que me recibían con su cantos y saltaban a mi alrededor. Y esa confusión, esa tristeza, esa ira, nunca se fue. Siempre ha estado conmigo, recordando que en este mundo ser quien soy es un acto de resistencia.

Estoy atrapada en una lucha que no pedí, en un cuerpo que la sociedad me obliga a odiar, en una vida que me obliga a justificar. No lo soporto más. Quiero ser libre, quiero ser yo, sin miedos, sin odios, sin tener que dar las gracias por existir.

Quiero un mundo donde no tenga que explicar, donde no tenga que sufrir, donde pueda ser simplemente feliz, por fin, por dentro y por fuera. Y todos estos eran los sentimientos que probaba de pequeña.

ATRAPADA EN UN REFLEJO

Desde que tengo memoria, el espejo ha sido mi enemigo. No porque me falte autoestima o porque vea en él imperfecciones que no me gustan, no. Lo que me devuelve el espejo es algo mucho más profundo, una herida que no cicatriza. Cada mañana, al despertarme, me enfrento a ese reflejo, que insiste en mostrarme una mentira. El cuerpo que veo no es el mío. Nunca lo ha sido.

Es una sensación que podría compararse con la de vivir en una casa que no es tu hogar. Imagínate llegar a un lugar al final de cada día en el que, en vez de encontrar paz y refugio, te invade una extraña incomodidad, un malestar que te recuerda constantemente que no perteneces a ese sitio. Ese es mi cuerpo para mí: un espacio ajeno, una prisión, atrapada en una piel y unos huesos que no me pertenecen.

Para las personas que me rodean, mi lucha no es evidente. Ellos me ven y piensan que todo está bien, que soy una más entre tantas, pero no podrían estar más equivocados. Cada día es una batalla silenciosa, una lucha por mantenerme entera mientras mi mente y mi cuerpo viven en una disonancia insoportable. Mi mente es femenina, delicada, un torbellino de emociones y sueños que no encuentra su lugar en este cuerpo rígido y torpe con el que me ha tocado lidiar.

Para que puedas entenderlo, te propongo un ejercicio de empatía. Imagínate a ti mismo trabajando en un empleo que odias, en un ambiente tóxico donde no encajas, rodeado de personas que te hacen sentir menos, que te acosan, te menosprecian y te hacen *bullying*. Cada día es un esfuerzo solo levantarte de la cama, porque sabes que te espera un nuevo día de sufrimiento. La presión es constante, agobiante, y el simple hecho de estar ahí te consume poco a poco. Esa es mi vida, pero, en vez de ser solo en el lugar de trabajo, es en cada aspecto de mi existencia. No puedo escapar, no puedo renunciar.

El dolor no es solo emocional. Es físico. Cada día que paso atrapada en este cuerpo, siento una especie de violencia silenciosa, como si mis propios huesos estuvieran en mi contra. Es un sufrimiento que no tiene pausa, que me acompaña incluso en los momentos de alegría, ensombreciéndolos, recordándome que mi felicidad siempre está incompleta, siempre limitada por esta prisión de carne que no me pertenece.

La frustración es algo que conoces bien si alguna vez has estado en un lugar donde no querías estar. Pero imagina esa frustración multiplicada, exacerbada por el hecho de que no puedes simplemente irte. No puedes dar media vuelta y salir de ese lugar, porque ese lugar es tu propio cuerpo. Y en mi caso, ese lugar es mi cárcel.

Recuerdo que una vez, en la escuela secundaria, los chicos me acorralaron en el baño. Sabían que era diferente, aunque no sabían exactamente por qué. Me tiraron contra la pared y me gritaron cosas horribles, insultos que todavía resuenan en mi cabeza. «Eres un fenómeno», «no encajas aquí», «nunca serás como nosotros». En ese momento, deseé con todas mis fuerzas ser invisible, desaparecer. Pero, más que eso, deseé ser otra persona, alguien que encajara, alguien que pudiera mirarse en el espejo y reconocer a la persona que veía.

Ese sentimiento de rechazo, de ser vista como algo extraño, ha sido una constante en mi vida. Y no es solo el rechazo de los demás lo que duele, es el rechazo de mi propio cuerpo, la traición de mi reflejo. Sé que las personas heterosexuales cisgénero también enfrentan sus luchas, sus propias inseguridades. Pueden sentirse atrapadas en trabajos que odian, en relaciones que no les satisfacen, pero al final del día pueden quitarse esa carga, pueden renunciar, pueden cambiar. Pero yo... Yo no puedo escapar de mí misma.

Cada día es una maratón emocional. Desde el momento en que me despierto hasta el momento en que logro conciliar el sueño, mi mente no deja de correr. Cada gesto, cada movimiento que hago, está impregnado de una constante consciencia de mi cuerpo. Incluso las cosas más simples, como vestirme o ducharme, se convierten en recordatorios de que estoy atrapada en un cuerpo que no es mío. Siento como si estuviera interpretando un papel en una obra que odio, una obra que me consume.

A menudo, me encuentro preguntándome cómo sería mi vida si pudiera ser quien realmente soy, sin esta carga. Cómo sería despertar un día y sentir, por primera vez, que mi reflejo es una extensión de mi ser y no un enemigo al que debo enfrentarme cada mañana. Cómo sería caminar por la calle sin sentir la necesidad de ocultarme, de disfrazarme de algo que no soy, solo para evitar el juicio de los demás.

Hay días en los que la desesperación se convierte en una sombra oscura que amenaza con consumirlo todo. Son esos días en los que el dolor parece insoportable, cuando la idea de seguir adelante se siente como un peso imposible de cargar. Es en esos momentos cuando me siento más sola, más incomprendida, como si estuviera gritando en una habitación llena de gente, pero nadie pudiera oírme.

Pero, a pesar de todo, sigo adelante. Porque, aunque este camino esté lleno de sufrimiento, hay algo dentro de mí que se niega a rendirse. Es la esperanza, quizás tonta, de que algún día encontraré la manera de reconciliarme con mi cuerpo, de sentirme en paz en mi propia piel.

Sé que hay personas como yo, que viven esta misma lucha, que entienden lo que significa sentirse atrapadas en un cuerpo que no es suyo. Y esa conexión, esa comprensión, es lo que me da fuerzas para seguir adelante. Porque al final del día todos buscamos lo mismo: ser amados, ser aceptados, ser vistos como quienes realmente somos. Y aunque el camino hacia ese lugar sea largo y lleno de obstáculos, sé que vale la pena recorrerlo.

Y tú, querido lector, ¿cómo me contestarías si te preguntara por qué tú eres tú y con cuántos años descubriste que eras tú? Piénsalo, porque no vas a saber responder de manera rápida, o eso creo. Aunque no queramos, nos pasa durante todo nuestro camino tener la sensación de tener que disculparnos o deber algo a esta sociedad. Lo que muchos no saben es que, desde tiempos antiguos, por todo el planeta ha habido culturas que han tenido personas transexuales y eran consideradas divinidades, diosas o personas importantes, aceptadas y veneradas en muchas tribus desde hace miles de años alrededor de todo el mundo.

LA DIVERSIDAD EN LAS CULTURAS
DEL MUNDO

TWO SPIRITS, BERDACHE O *BARDAJE*

Entre los indios americanos había personas con dos espíritus, que podían ser dos mujeres, dos hombres o mujer y hombre. El espíritu masculino y el femenino vivían en el mismo cuerpo. Vestían con una mezcla de artículos tradicionales masculinos y femeninos y tenían un papel activo como curanderos o profetas, además de practicar el chamanismo, oficiar rituales de defunción o curar a los enfermos durante las guerras. También tenían una labor importante durante el embarazo y se encargaban de guiar y dar un nombre afortunado al recién nacido. Solían ser tejedores y practicaban las artes de la sanación con abalorios o rituales de casamiento. Eran buenas cazadoras, pescadoras, guerreras o enviadas en misiones de paz. Hoy siguen aceptadas y están totalmente integradas en la sociedad india americana, siempre desarrollando papeles muy importantes como personas espiritualmente muy poderosas.

LAS *MUXES* DE MÉXICO

Existen más de tres mil *muxes* en la región de Zapoteca, en el istmo de Tehuantepec. Hay variedad dentro de la comunidad *muxe*: travestis, personas transgénero, transexuales u hombres gays.

Son una de las civilizaciones más antiguas y avanzadas de Mesoamérica. Las personas *muxe* se definen como «tercer sexo». El *muxe* suele ser el hijo que ayudará a sus padres durante toda la vida, hasta su muerte. Las madres lo suelen considerar el mejor de sus hijos, ya que los hijos heterosexuales suelen casarse y formar su propia familia, por lo que limitan más este vínculo paternofilial. Por esto, los *muxes* representan para sus madres tanto una seguridad económica como un apoyo moral, sobre todo cuando en edad madura se quedan solas, ya sea por quedarse viudas o por otros motivos.

LAS *HIJRAS* DE LA INDIA

Existe desde hace mucho tiempo un grupo religioso de varones que se visten y se comportan como mujeres: son los *hijras*. Adoran a la diosa Bahuchara Mata.

Durante los siglos del Imperio mongol, los *hijras* ocupaban empleos de toda condición, desde ejercer como mineros hasta puestos de alto rango como consejeros de Estado del emperador mongol. En esta época, los *hijras* poseían tierras, palacios, templos y sirvientes a su disposición e inspiraban fe y respeto.

Con la ocupación británica de la India, se recuperaron las leyes homofóbicas, que castigan la homosexualidad, y la población *hijra* volvió a ser marginada, obligada a vivir de la mendicidad y de la prostitución para sobrevivir. Al final del siglo XX se relajó la persecución de este colectivo, llegando un *hijra* a ser alcalde electo de un pueblo de la India.

En la religión hinduista existe una definición clara de dos sexos; sin embargo, varios de sus dioses presentan rasgos de uno y de otro sexo, lo que permite la aceptación de la existencia de un «tercer sexo».

Algunos *hijras* se castran voluntariamente; antes lo hacían con cuchillo y sin anestesia, lo cual provocaba la muerte de un importante porcentaje. Desde 1860, poco después de que la India pasase a ser una colonia británica, en este país está prohibida la castración, aunque en algunos centros médicos todavía es común que se realice. Los supersticiosos hinduistas creen que los *hijras,* al renunciar a tener hijos propios, tienen facultades para bendecir o maldecir, y es por esto que al nacer un niño los *hijras* acuden a festejar el nacimiento con cantos, bendiciones y augurios de larga vida y prosperidad, así como a librarlo del mal de ojo. En fin, la religión hinduista reconoce el «tercer sexo» como tercera naturaleza, por lo que están aceptadas en la sociedad la intersexualidad, la transexualidad, la homosexualidad y la bisexualidad.

LAS *KATHOEY*

Las *kathoey* son originarias de Tailandia y Laos. Son una identidad de género cercana a las identidades occidentales de mujer trans. A veces se les denomina *ladyboys* como tercer sexo. Son famosas por su espectáculo y por su trabajo vendiendo felicidad a los turistas. Yo conocí a muchas de ellas, muy femeninas y guapas. Muchos hombres no se dan ni cuenta. Ellas tienen la costumbre de empezar la hormonación muy jóvenes, y el hecho de que la reasignación de sexo en Tailandia es relativamente barata les facilita mucho el proceso.

LAS *GALAS*

Algunos textos sumerios de hace 4.500 años documentan que había sacerdotes, conocidos como *galas,* que podían haber sido transgénero. En la antigua Grecia, Frigia y el Imperio romano estaban los sacerdotes *galli,* que algunos estudiosos creen que eran mujeres trans. El emperador romano Heliogábalo prefería que se le llamara «señora» y no «señor». Se depilaba, utilizaba pelucas y se maquillaba. Ofrecía una gran cantidad de dinero a cualquier médico que le pudiera donar un cuerpo imperial con genitales femeninos. En el antiguo Egipto eran totalmente aceptados el tercer sexo y la transexualidad. Hay escritos que documentan que muchos faraones eran mujeres vestidas de hombre o que en la antigua Mesopotamia las sacerdotisas galas servían a la diosa Ishtar. Podéis leer *La peregrina de Atón.*

LOS *KHANITH*

Actualmente conocidos como los antiguos *mukhannarh.* Es como se llamaba al tercer género en la cultura omaní ya en el año 600 d. C.

BURRNESHA

En Albania las mujeres que cambian al sexo opuesto son conocidas como las vírgenes juramentadas. Visten y trabajan como hombres. Hoy en día en los Balcanes quedan unos cuarenta, aunque en el pasado había muchísimos más. Este cambio de género lo adoptaron para ahorrar a la familia el disgusto de no casarse con el hombre que se les imponía, porque los padres eran los que elegían el marido a las hijas por cuestión económica, vendiéndolas literalmente al mejor postor. La única forma de evitar este matrimonio acordado era pasar desde ese momento a ser hombre por toda su vida, evitando así romper la promesa de matrimonio. Otro motivo para el cambio de género era la falta de miembros masculinos en la familia, porque debido a guerras entre familias se mataban entre hombres rivales, ejecutando a todos los miembros masculinos de la familia. Si el jefe de la familia era una mujer, el problema estaba solucionado por lo menos por una generación. Pero la existencia de la familia estaba asegurada solo si vivían niños menores que pudiesen tomar posteriormente la posición de la cabeza de familia.

OKAMA O WAKASHU

En Japón las personas transgénero se remontan al periodo Edo, aunque no hay un periodo exacto. Las personas trans masculinas estaban en el Barrio Rojo de Yoshiwara o, en la actualidad, en los bares *onabe*. En 1603 se fundó el *kabuki* y posteriormente se estableció la prohibición a las mujeres de actuar, por lo que eran los hombres quienes asumían este papel. Actualmente, en Japón las personas trans no pueden cambiar de sexo legalmente si no se someten a una esterilización y una operación de reasignación genital.

BABAYLAN Y WARIA

En Filipinas los chamanes eran muy aceptados antiguamente, hasta la invasión española en 1625.

En Indonesia se denomina *warias* a las personas pertenecientes al tercer género. Los *bugis* de Sulawesi reconocen los tres sexos y cinco géneros: *makkunrai* respecto a la mujer cisgénero, *oroané* para los hombres cisgénero, *calabai* para referirse a las mujeres trans, *calalai* a los hombres y *bissu* para el género andrógino.

En Oceanía los roles trans son muchos. Para definir el género transexual, los maorís dicen *wakawahine,* los de las islas Cook usan el *akava' ine (fa' afaafine* para los chicos) y en Nueva Zelanda *fakaletti.*

Y podría seguir aún más. Solo quería que supierais que desde el principio de los tiempos ha existido el tercer sexo e incluso en las zonas más recónditas del planeta sus miembros han sido aceptados y valorados. Podéis llamarle tercer sexo o con algún término que podéis encontrar detallado en cualquier cultura. Aunque, realmente, si tenéis que ponerle nombre o catalogar y no lo entendéis, solo recordaros que se trata de seres humanos iguales que tú. Han nacido como tú, han vivido y sufrido como todos, han llorado y reído como tú y quizás, a diferencia de ti, hayan podido sufrir la discriminación y la falta de comprensión y empatía.

La mente es un laberinto en el que la mayoría de las personas se encuentran atrapadas, pero ¿sabías que existe una voz silenciosa que habla mucho más alto cuando todo está en calma a tu alrededor? Esta voz, conocida como la intuición, es el verdadero yo, que se expresa cuando nos conectamos con nuestro ser interior, lejos de las influencias externas.

Es en esos momentos de silencio y conexión con la naturaleza cuando podemos escuchar a nuestra conciencia, que habla desde lo más profundo de nuestro ser, desde el corazón, desde el chakra *anahata*. Explorar este chakra puede ser el primer paso para descubrir nuestro verdadero yo y encontrar la paz interior. ¡Te invito a explorar este fascinante mundo de autoconocimiento!

Muchos están atrapados en su propia mente, ajustando sus pensamientos y sentidos, adoctrinados para creer en la versión oficial de lo que es correcto e incorrecto, moral o inmoral, y en las normas de la sociedad, viviendo siempre esclavizados. Su existencia se basa en una única frase: «No puedo». Estas limitaciones impuestas por las normas los condicionan a pensar en «no puedes» y «no podemos», lo que petrifica la mente y la encierra emocionalmente.

Sin embargo, al descubrir cómo conectar nuestra conciencia con nuestro yo infinito (conocimiento y sabiduría), ganaremos la lucha contra esa voz interior que constantemente nos dice lo que podemos o no podemos hacer. Esta voz casi siempre prevalece, porque es más fácil conformarse con una sociedad basada en creencias e imposiciones de pensamiento. Las normas impuestas por el sistema a través de la educación, los medios de comunicación, la medicina, las redes sociales, las religiones, etc., refuerzan este control.

Cuando un librepensador se rebela y se opone al sistema, es acosado por el «crimen» de ser diferente, etiquetado como loco y discriminado solo por desafiar estas limitaciones impuestas, como se vio durante la pandemia del COVID-19. Un famoso dicho japonés dice: «No seas el clavo que destaca por encima del resto, porque serás el primero en ser golpeado». Yo digo: «Sé el primer clavo en ser golpeado para romper la madera y dejarla inutilizada, de modo que los demás no sean golpeados».

Todos aquellos que verdaderamente hemos decidido utilizar nuestro saber y conciencia para rechazar el sistema afrontaremos una vida difícil o quizás desagradable por ser distintos. Pero yo, honestamente, prefiero ser distinta y vivir libre que ser igual a los demás y pasar toda mi vida arrodillada y sumisa ante un sistema que sigue controlando, manipulando y manteniendo las mentes ocupadas y confundidas con teatros y diversos entretenimientos.

La sed de saber y el crecimiento interior romperán las cadenas, primero las internas y luego las externas, las que están fuera de nuestro cuerpo. El conocimiento es fuerza y nos permitirá alcanzar la iluminación.

Me he subido en la mesa para recordarme que debemos mirar las cosas de otro modo diferente. El mundo se ve distinto desde aquí arriba... Aunque puede parecer tonto o equivocado, deben intentarlo.

EL CLUB DE LOS POETAS MUERTOS

Buscamos ser aceptados, pero no debemos olvidar que las convicciones son únicas y nos pertenecen, aunque a otros pueden parecerles raras o inaceptables y aunque toda la manada te diga: «No está bien». Porque somos solo conciencia que vive una experiencia. Las mentes abiertas, capaces de expandirse y conectar conscientemente con la conciencia infinita, son las peores pesadillas de los manipuladores que crearon esta sociedad. Ellos evitan tu despertar y esa apertura mental.

Imagino que ahora estarás pensando, o quizás haya generado dudas. No sé si me estarás dando la razón o pensarás que estoy un poco loca, pero sé que al menos te he hecho pensar mientras lees estas líneas. La semilla del saber y la duda de qué es correcto o incorrecto han sido plantadas dentro de ti. Vive y deja vivir, supérate espiritualmente y entonces tú también encontrarás tu paz y tu tan buscada tierra feliz. Rompe tus cadenas mentales, acepta la diversidad o igualdad en todos los colores y formas, porque si con mi libro he podido ayudar o salvar aunque solo sea a una persona con mi propósito de existencia en esta vida, habré logrado mi objetivo.

A todos nos pertenece vivir en este mundo, vivir respetuosamente. Yo dejaré mi vida escrita en estos libros, *Tierra amarga* y *Tierra feliz*. Quería compartir mi paseo en este mundo, pero al final solo soy una persona más que lucha por las que ya no están, por las que están ahora y por las que vendrán mañana. Solo espero que todos podamos vivir una vida digna y feliz. Seré cada día como una gota de agua cayendo repetidamente sobre una roca, que al final se rompe y cede al paso del agua, y será una palabra que acompañe el conocimiento hacia un mañana de libertad sobre la discriminación.

Si la vida es aquí y ahora, ¿por qué hay que morir para ser respetado, para ser recordado como una buena persona? No entiendo por qué para que se hable bien de una persona, quizás del caso de una persona trans, la sociedad espera siempre a hacerlo después, cuando ya no está, para poder escucharla y saber su historia. A las mismas personas que cuando estabas viva se quedaron con los brazos cruzados, por miedo de ser salpicadas, después les salen todo el arrojo y la fuerza, trayéndote hasta flores, como si con eso descansaran su conciencia, cuando no hay nada más que hacer, cuando ya es tarde para limpiar la conciencia y el alma de cada uno por esa hipocresía.

¿QUÉ VENDRÁ DESPUÉS?

Vivimos dejando que el tiempo pase. La famosa palabra de moda, «procrastinar» o el «después». Acción-reacción, causa-efecto. Soñando, proyectándonos en el «después», llamándolo futuro, viviéndolo a través de emociones. A veces nos da miedo, otras sentimos alegría, aunque en realidad sabemos solo que «después» es un adverbio, gramaticalmente hablando, y un supuesto que se suele quedar en un rincón. Porque en realidad conocemos el pasado, vivimos el presente, pero el «después» es una realidad imponderable, imprecisa, que escapa de nuestro control, algo que podría pasar. Concentrémonos en el aquí y ahora, en el presente, en el único momento tangible; dejemos que todo fluya, porque el «después» es simplemente un misterio. Así que ¿para qué perder el tiempo y estar preocupados por el futuro, si quizás nunca lo veremos o viviremos?

Se acaba una relación. ¿Qué pasará después? Perdimos a un familiar y pensando qué pasará después habrás acabado este libro. ¿Y después a quién podrás donarlo para poder ayudarle? Concéntrate en decir «te quiero» a las personas que quieres, porque puede que mañana no se pueda. Aprendamos a respetar a todo tipo de ser vivo ahora, porque después puede que sea tarde. Vivamos y dejemos de criticar, porque después puede que no sea tan fácil para algunos sobreponerse. Y, por último, ¿qué vendrá cuando ya no estemos? ¿Otro después?

Yo he necesitado mucho dinero para poder vivir de verdad, para empezar a vivir como yo misma; y no fue valor, fue necesidad. Y la vida se vuelve más fácil si tú te vuelves más fuerte. La mayoría de los seres humanos no viven la vida que desean vivir por miedo a los prejuicios o a lo que pueda decir la manada. Deja ese pensamiento (¿qué piensan los demás de mí?) y empieza una vida que en realidad te haga feliz. Sé justo contigo mismo, porque, si no, vivirás una vida que no es la tuya. Vivirás una vida que los demás te han impuesto con el único objetivo de ser aceptado y solo para complacer a los demás, sin prestar atención a lo que realmente te gusta y a lo que necesitas. Acepta el pasado y empieza a escribir el libro de tu vida, reflexiona y aprende del pasado para vivir plenamente el presente y quizás puedas tener un futuro menos incierto.

¿Y cuando empieces a vivir tu vida? Dejarás de estar contemplando a otro que no eras tú y te enfocarás sobre ti mismo. Te vas a llevar una gran sorpresa cuando de pronto haya gente que desaparecerá, pero es simplemente un periodo de «purga». Pero ese espacio también se llenará de mucha gente nueva, que peleará por hacerse presente y por ser parte de tu vida. Transmitirás, como buenas moléculas que somos, una vibración que hará que quienes están en tu misma frecuencia se acerquen para crear un estado de paz y felicidad. Hay un dicho que dice: «Rodéate de cuatro amigos ricos y serás el quinto. Rodéate de tres idiotas y serás el cuarto».

Durante un tiempo, en esta transición tú serás el «raro» y el «malo de la película», claramente contada por ellos. Es su película y su guion. Pero debes ser tú quien tomes las riendas y dirijas tu gran película, la de tu vida.

¿Y tú, lector? ¿Te has parado a pensar si te gusta realmente tu vida? ¿Estás satisfecho con ella? Seguro que cambiarías algo o te gustaría lograr algo más, o seguro te falta algo. La sociedad impone y quiere siempre que seamos los más sobresalientes y triunfadores; como llaman ahora, un *winner*. Nos los imponen desde niños: «¡Tienes que ganar! ¡Tienes que ser el mejor! ¡Tienes que ser competitivo! ¡Las mejores notas! ¡El mejor trabajo!». Y al final de una vida intentando complacer a todos y aparentar, quizás por ego o por no defraudar, llega el momento de la muerte y, sinceramente, habrá sido una carrera más, que no te habrá llenado como persona y que los demás olvidarán pronto, porque en el fondo no has dejado de ser uno más.

Sé que ahora tendría que estar hablando de mi transición, pero creo que al final no hay nada que hablar. Realmente, cada recorrido personal es más que todo lo que se pueda decir. Cada una de nosotras es diferente, con su historia en la mochila.

Hoy vivo una vida normal, con un trabajo y un marido. A veces nos peleamos, pero luego estamos abrazados por las noches. No hay mucho que contar, no hay nada diferente de los demás, es simplemente una vida más. No hay ni dragones, ni brujas, ni gigantes, ni magia. Es simplemente una vida como la de cada uno vosotros, pero como quiero que sea, con momentos difíciles, de alegría, euforia, tristezas, divertidos, aburridos, todas esas sensaciones que se sienten durante una vida. Porque es lo que soy, una persona al fin y al cabo.

Si me preguntáis qué significa ser trans, pues os digo que no lo sé. Hoy en día no puedo decir qué significa. Podría decirte que es ser mujer y pasar por un procedimiento; ser una buena persona, ayudando siempre que sea posible a quienes menos fortuna tienen; levantarse por la mañana con ganas de vivir otro bonito día, productivo, y volverse a acostar contenta y satisfecha por otro día.

Cuando empiezas a vibrar en positivo es cuando el universo hará que pasen cosas a tu alrededor que siempre habrán querido manifestarse. Cosas que en un principio parecían imposibles podrán ser posibles solo cuando las hagas con conciencia y con un corazón puro y limpio. Ayúdate de buenos hábitos que refuerzan nuestro interior, como la alimentación sana, el deporte o la meditación. Mira por un segundo el cielo y quédate a pensar más allá de lo que estás viendo. Piensa en todo lo que tienes alrededor, en todo lo que está provocando energías. Y ahora vuelve a pensar en la inmensa e infinita energía del espacio universal detrás de aquel cielo azul (quizás sea más fácil de noche) y, si miras las estrellas, puedes hacerte una ligera idea de lo inmenso que es el cosmos.

Ahora cierra los ojos por dos minutos, concéntrate con tu mente consciente y respira hondo. Conéctate con esta energía del universo e intenta vibrar en positivo con tus ojos cerrados. Pasea con tu mente en el espacio en tres colores con las estrellas y planetas. Podrás verlas y sentirlo en tu cuerpo como un escalofrío y a la vez calma y bienestar. Estás totalmente conectado. Pide espiritualmente lo que quieres, porque el universo te estará escuchando, llegará a ti tarde o temprano. El tiempo no es el mismo en la Tierra que en el espacio. Tú solo pide y llegará a su tiempo. El universo sabe el momento exacto en que realmente lo vas a necesitar y se encargará de que llegue a ti. No te olvides de agradecer y pedir con el corazón mediante tu mente.

Y, mientras tanto, no dejes de sonreír por la calle a la gente, a lo que te rodea, pero hazlo de verdad, con una sonrisa que nazca del corazón. Quizás cambiarás el día o el humor a alguien. Cuando empieces a sonreír, tus vibraciones se elevarán y verás lo que ocurrirá a tu alrededor si sonríes a la vida.

CANARIAS ES...

No es necesario recordar que Canarias es un archipiélago de origen volcánico situado en el océano Atlántico, que conforma una comunidad autónoma española en el noroeste de África, con estatus de nacionalidad histórica, y que abarca ocho islas, cinco islotes y ocho roques. También es sabido que el primer documento escrito con una referencia directa a Canarias (40 a. C.) se refiere a ellas por primera vez como islas Afortunadas, y que la bandera está compuesta por tres colores: blanco, azul (el cielo y el mar) y amarillo (la arena), además de dos perros, que representan el nombre de las islas desde el latín *(can area,* área de perros).

Podría decirse que Canarias es como un collar de perlas metido en el océano, cada una con su particularidad y su color, que la hacen inigualable; y que la llaman la antigua Atlántida. Pero voy a decir lo que Canaria es para mí.

Palmeras, pero también pinos, cactus, arena, montañas, roques y barrancos; chacho, *cholas,* bajar a peso de las palmas, *ños,* lluvia, estrellas, viento, tierra prometida; para algunos tristezas, para otros alegría y fiesta; soledad, cultura, turismo, *pelete,* olor a mar, orgullo, libertad de expresión, Cristóbal Colón, corrupción, futuro, ecosostenibilidad y contaminación, guanches, interculturalidad; empleo, pero también pobreza, tecnología y antigüedad; camellos, ardillas, lagartos, delfines y ballenas, pero también vacas, cabras, caballos, y gallinas; *calufa,* papas arrugadas y lapas a la plancha; bananas, piñas, aguacates, pero también naranjas, cerezas, manzanas, berros; cascadas, piscinas naturales, cuevas, volcanes marinos y terrestres; es nieve y mar en veinticinco minutos, es gofio, es amor, es cárcel, es calima; es chicharreros, majoreros, conejeros, gomeros, palmeros, herreños y canariones; es los Guaires, los Faicanes; es guiri, es familias y amigos, colegas y enemigos, suecos, alemanes, mojo canario; es chinos y moros, es patera y cruceros, es aviones y avionetas, es salvación para algunos de fuera y desesperación para los de dentro; es deportes y relax, es LGBTI, *drag queens,* Quevedo, ukulele, la moda calada, tunos, indios, sol y buen tiempo 24/7, 365 días al año. Es mi vida feliz, es MI TIERRA FELIZ.

Os dejo unos *tips* que os pueden ayudar en el camino de vuestra vida. No os olvidéis de descubrir e investigar la magia del universo y el potente mundo de la energía con la vibración y frecuencia «369» de Tesla y, por vuestra paz mental, los beneficios y el famoso mundo del *Nam myoho renge kyo.*

Un saludo y un fuerte abrazo. Os quiero. Gracias por leer este libro.

Kayla Casanova

PUBLICACIÓN DE *TIERRA AMARGA*

Pride Maspalomas 2024 (Gran Canaria)

«Todas las personas hemos pasado por situaciones difíciles desde la infancia, y cuando vas creciendo vas encajando todo muy despacio, como un puzle, y vas entendiendo todo lo que te pasa. Lo importante es entender que hay situaciones que dependen de ti y otras que pasan sin que puedas hacer nada», dijo Kayla.

Entrevista gama (presentación 2023) Biblioteca Pública Las Palmas de Gran Canaria

«Creo que tendrían que darme un Óscar como mejor actriz protagonista o no protagonista de mi vida. Bolonia fue una etapa muy importante, donde vine a tomar conciencia de la palabra *transexualidad*. Cuando por fin acabé de interpretar el papelón de mi vida para la sociedad humanoide fue cuando conocí a Pam, una chica transexual, gran amiga ante todo, que me ayudó por fin a exteriorizar mi yo y a quitarme aquella piel que ya no me pertenecía y que había llegado a su fin».

Radio Dunas, podcast (2023)

El hecho de haber crecido, como casi todos en Italia, en una familia ultracatólica y con fuertes tradiciones religiosas hacía que las cosas no fueran tan fáciles para una persona con mis características desde pequeña.

Yo siempre he luchado para que la gente entendiera lo que es lo «diferente»; aunque, más que diferente, yo digo la «unicidad» y los diferentes puntos de vista. Me refiero a que yo veía las cosas de otra manera, distinta a los demás, explicando al resto que podemos tener diferentes ideas sobre el mismo objetivo y que ni mi opinión ni la tuya es la correcta o incorrecta, sino que son simplemente dos ideas propias.

Pongo un ejemplo: tú estás de pie delante de mí y yo dibujo un 6 en el suelo entre nosotros dos. Para mí será un 6 y para ti será un 9. El objeto es igual para los dos, pero los puntos de vista hacen que veamos las cosas de forma distinta. Podemos invertir nuestras posiciones y cambiaremos otra vez de idea, podemos cambiar el objeto y volveremos a cambiar de idea, y cada uno de nosotros tendrá la convicción de que está diciendo lo correcto.

En la vida se crece y se experimenta, se crece y se estudia; uno se enriquece y es lo que hace que cambiemos de punto de vista, y eso no quiere decir que estemos equivocados.

En las iglesias te enseñaban a creer y obedecer sin ninguna lógica en algo que no se ve, a formar parte de un rebaño, donde si tú no cumplías eras una oveja negra, como si fuera algo malo. Cuando escucho esta frase, para mí tiene totalmente otro sentido; me da a entender que es una persona con personalidad y que no se doblega fácilmente, que no escucha y obedece a algo en lo que no cree y que no ve, porque en realidad nos quieren hacer creer que somos todos iguales. Cada uno de nosotros es único, somos únicos, con nuestros pros y contras.

SOBRE LA AUTORA

Kayla Casanova Fanigliulo (nombre artístico). Directora artística, actriz, fotomodelo, exbailarina y coreógrafa, escenógrafa y profesora de cerámica, con un gran amor por los animales, el teatro y la pintura al óleo.

De personalidad fuerte, imaginativa y luchadora por sus derechos. Ha trabajado en varios programas de televisión y en muchos hoteles como responsable de musicales y equipos de animación. Ha viajado por los cinco continentes y su pasión por los viajes la ha llevado a muchos países y tradiciones.

Ganadora de Miss Trans-España Gold 2024 representando a Las Palmas de Gran Canaria. Actualmente está felizmente casada y dirige un club de pádel con su marido en Gran Canaria.